KB202183

말세학

# 말세학

발행일 2025년 5월 23일

지은이 : 길선주
펴낸이 : 손영란
편집 : 김재현 손영란 류명균
디자인 : 박송화

펴낸곳 : 키아츠
등록번호 : 제300-2004-211호
주소 : 강원 화천군 간동면 용호길 33-13
전화 : 02-766-2019
팩스 : 070-7966-0108
홈페이지 : https://smartstore.naver.com/kiats
E-mail : kiatspress@naver.com
블로그 : blog.naver.com/kiatspress

ISBN : 979-11-6037-238-0

# 말세학

길선주 지음

키아츠
KIATS

# 편집자 서문

## 1. 길선주의 생애와 주요 저작

### 신앙의 형성과 목회 활동

길선주 목사(1869~1935)는 한국 개신교 형성의 기초를 다진 인물로, 신앙과 민족운동을 아우르는 지도자로 평가받는다. 평안도 안주에서 태어나 젊은 시절 동양 종교에 심취했으나, 선교사 사무엘 마펫Samuel A. Moffet을 통해 기독교를 접하게 되었다. 1897년 세례를 받은 후 한국 교회의 신앙운동을 주도하며 1907년 평양 대부흥운동의 중심 인물로 활동했다. 같은 해 여섯 명의 동료 목회자와 함께 한국 개신교 최초로 목사 안수를 받았고, 한국 교회의 제도적 정착에 기여하였다.

탁월한 설교가이자 부흥사였던 길선주 목사는 기독교인 개인의 신앙을 강조하는 데 그치지 않고, 일제의 식민

지 지배에 저항하는 민족운동에도 깊이 관여했다. 독립운동가로서 조국의 해방을 위해 기도하고 실천적 신앙을 견지했으며, 신앙을 통한 민족의 각성을 강조했다. 1935년 11월, 부흥회를 인도하던 중 쓰러져 소천하였다.

## 키아츠의 길선주 연구 결과물

길선주는 생전에 설교와 설교 요지, 격언뿐만 아니라, 한국 전통 시조의 미학을 담은 다양한 저술을 남겼다. 키아츠KIATS는 그의 저작들을 체계적으로 정리하여 주요 저서 세 권을 출간한 바 있다.

### 『길선주 작품선집』

2008년, 키아츠는 길선주의 대표적인 작품을 선별하여 한글과 영어로 출간했다. 한글본은 홍성사에서 '한국기독교지도자 작품선집' 『길선주』로 출간했고, 영어 번역본은 'Korean Christian Leaders Series' *Gil Seon-Ju*(KIATS, 2008)로 간행했다. 2024년에는 한글본을 개정하여 『가상칠언』이라는 제목으로 재출간했다. 이 책에 담긴 민경배 교수의 서론 "한국 교회의 초석이 된 길선주 목사"는 길선주 목사의 신앙과 설교를 이해하는 데 매우 유용하다.

## 『만사성취萬事成就』

길선주는 존 번연John Bunyan의 『천로역정』에 깊은 영향을 받아, 이를 한국적 정서와 결합하고 새롭게 재구성하여 『만사성취』를 썼다. 동양풍의 삽화와 시조를 활용해 길선주 목사의 독창적인 문체로 완성된 이 작품은 1916년에 초판이 간행되었다. 키아츠는 2008년에 원본과 한글 편집본, 영어 번역본을 포함해 '한국 기독교 고전 시리즈' 『만사성취』*Attainment of All Things*(KIATS, 2008)로 출간했다.

## 『말세론』과 『말세학』

길선주의 종말론은 한국 개신교 초기 지도자들의 말세 신학을 대표하는 저술로 평가된다. 2010년에 키아츠는 길선주가 남긴 말세론, 말세학 관련 자료를 정리하여 원본과 한글 편집본, 영어 번역본을 포함한 방대한 연구서를 출간했다. 이러한 작업에 기초해 2025년에는 『신앙세계』에 실린 그의 말세학을 한글 개정본으로 발간하게 되었다.

## 2. 길선주의 『말세론』과 『말세학』

길선주의 종말 신학은 그의 대표 저술인 『말세론』과 『말세학』을 통해 체계적으로 정리되었다. 이 저작들은 말세, 즉 인간과 세계의 종말, 그리스도의 재림, 천년왕국, 최후의 심판에 관한 논의를 담고 있으며, 각각 다른 시기에 여러 형태로 출간되거나 연재되었다. 『말세론』과 『말세학』의 주요 출간 과정과 특징은 다음과 같다.

### 1928년 김정현 편찬본 『말세론』

길선주의 말세 신학은 3·1운동 이후 투옥된 시기에 더욱 구체화되어, 1928년 김정현 목사가 편찬한 『말세론』을 통해 출간되었다. 김정현은 1927년 목사 안수를 받은 인물로, 이후 1939년 길선주의 예화 설교집 『강대보고講臺寶庫』를 편찬하는 등 기독교 출판 전도에 앞장섰던 저술가였다.

이 책은 상편(5장)과 하편(6장)으로 구성되어 있다. 상편은 종말론을 개괄하고 하편은 시대별 종말의 특징을 설명했다. 김정현은 서론에서, 본 저작의 목적은 김상준 목사, 길선주 목사, 게일 선교사의 재림 신학을 정리하여 소개하는 것이라고 밝혔다.

출간 당시, 김정현 목사의 지인이었던 최영택은 『말세

론』의 서두에서 이 책이 "우리의 예수 종교계에 일대 서광을 줄 만하다"라고 언급하며 한국 교회에 미칠 영향을 높이 평가했다. 이 서문은 이후 1935년 개정판에도 그대로 실렸다.

1928년 『말세론』의 내용이 길선주의 신학적 입장을 얼마나 충실히 반영했는지는 단정하기 어렵다. 하지만 이후에도 김정현에 의해 길선주의 종말론이 지속적으로 정리되었고, 1935년 개정판에도 1928년 판의 핵심적인 내용이 유지되었다는 점은 주목할 만하다.

## 1935년 길선주 강술, 김정현 저술 『말세론』

길선주 목사가 소천한 1935년에 그의 말세 신학을 담은 중요한 저작 두 권이 출간되었는데, 그중 하나가 김정현이 편찬한 『말세론』(1935년 개정판)이다. 이 책은 1928년 본보다 더 세부적인 설명을 담고 있고, 책의 구조도 더 체계적으로 정리되었다. 서론과 98페이지의 본문으로 이루어졌으며, 상편은 그리스도의 재림과 종말론적 논의를 담고, 하편은 각 시대를 구분하며 종말과 구원의 이상을 설명하는 방식으로 구성되었다.

이 책에는 동양선교회 성서학원의 이명직 목사의 서언과 김정현의 서론이 포함되어 있다. 김정현은 길선주와 자신의 관계를 여러 차례 강조한다. 초판 표지에는 "길선주 강술, 김정현 편저"라는 문구가 기재되었고, 책의 서문에서는 "길 목사님 영전에 이 소저小著를 바치나이다"라는 문장이 삽입되었다.

1935년 개정판은 이후 1937년 제3판으로 출간되었고, 이때에는 표지에 기재된 문구가 "길선주 강설, 김정현 편저"에서 "김정현 저"로 변경되었다. 이와 같은 변화를 통해, 김정현이 길선주의 강술을 정리하는 차원을 넘어 자신의 신학적 해석을 부분적으로 가미하며 독자적인 저술로 확립하려 했던 의도를 엿볼 수 있다.

## 1935년 『신앙생활』 연재본 『말세학』

1935년에 『말세학』이 기독교 잡지 『신앙생활』에 10회에 걸쳐 연재되었다. 『말세학』은 1935년 제4권 제7호부터 1936년 제5권 제10호까지 연재되었는데, 1936년 1월호에는 길선주의 글이 포함되지 않았다.

초기 연재된 원고에서는 1935년 제7호와 제8호에서 길선주의 이름이 명확히 명시되어 있었으나, 제9호 이후부터는 기고자의 이름이 생략되었다. 길선주가 1935년 11월 26일 소천한 이후, 『신앙생활』 편집부는 그의 논문을 "길선주 목사 유고"라는 명칭으로 정리해 담았고, 일부

원고는 김인서 목사가 편집하여 출간한 것으로 보인다.

『말세학』은 총 12장으로 구성되었고, 그 구조는 다음과 같이 종말의 전개 과정을 단계적으로 설명하였다. 그리스도 재림의 징조 → 공중 재림 → 7년 대환난 → 지상 재림 → 천년왕국 → 최후의 심판 → 구원의 완성과 종말론적 전망.

길선주의 『말세학』은 그의 종말 신학을 가장 직접적으로 반영한 문헌으로 평가되며, 이후 한국 개신교의 종말론적 신학 형성에 중요한 역할을 하였다.

## 1968년 길진경 편찬본 『영계 길선주 목사 유고 선집』

1968년에 길선주 목사의 아들 길진경은 아버지의 말세 신학을 정리한 저작 『영계 길선주 목사 유고 선집, 제1집』을 간행했다. 이 책은 『말세학』의 내용을 큰 변화 없이 유지하면서도, 일반 독자들이 더 쉽게 이해할 수 있도록 재구성하였다. 또한 길진경은 이 책에 『말세학』의 대지大旨에 해당하는 개요를 추가하고, 종말론적 개념을 보다 체계적으로 정리했다.

길진경의 『유고 선집』은 길선주의 종말론을 한국 개신교 신학의 흐름 속에서 보존했을 뿐만 아니라 후대에 보다 쉽게 전달하는 역할을 하였다.

## 3. 길선주 목사의 종말론

길선주 목사는 역사적 전천년설을 기반으로 한 종말론적 신앙을 강조했다. 특히 요한계시록에 대한 깊은 탐구를 통해 종말론적 신앙을 형성했다. 그의 종말 이해는 한국적 신앙과 민족주의적 정서가 결합된 독특한 형태로 발전하였다. 우리는 여기서 『말세학』을 중심으로 길선주 목사의 종말론의 몇 가지 특징을 살펴보겠다.

### 역사적 전천년설과 종말 신앙

길선주는 천년왕국 이전에 예수 그리스도가 재림하여 세상을 통치한다는 역사적 전천년설을 견지했다. 이에 따라 종말 과정을 그리스도의 공중 재림과 성도의 휴거 → 7년 대환란 → 지상 재림 → 천년왕국 → 최후의 심판 → 새 하늘과 새 땅의 순서로 설명했다.

　그의 종말 신앙에서 가장 중요한 요소는 그리스도의 재림이다. 1935년 김정현이 정리한 『말세론』에는 그리스도 재림의 목적, 증거, 변증, 예언 등이 상세히 기술되어 있으며, 그가 『신앙생활』에 연재한 『말세학』에도 그리스도 재림을 입증하는 28개의 내적 증거와 6개의 외적 증거가 제시되었다. 서론에서도 다음과 같이 분명히 강조한다. "주께서 반드시 다시 오셔서 천년왕국을 건설하실 것은 확실무의한 사실이오, 성경 전부를 자세히 연구함으로 더욱 분명히 깨달을 수 있다."

또한 그리스도의 재림을 다섯 단계로 구분하며, 특히 네 번째 왕으로서의 재림과 다섯 번째 심판주로서의 재림은 아직 성취되지 않았다고 보았다. 이러한 종말의 단계적 해석은 세대주의적 전천년설과 유사한 특징을 보이며, 이로 인해 종종 논란이 되기도 했다.

## 문자적 해석과 요한계시록에 대한 관심

길선주 목사는 요한계시록을 1만 200번 이상 읽었다고 전해질 만큼 말세와 종말론에 대한 깊은 관심을 가졌다. 그는 요한계시록과 다니엘서를 문자적으로 해석하고, 종말론적 사건을 구체적인 역사적 사건과 연결하려 했다.

그러나 그의 해석은 단순한 도피 신앙이 아니라 종말론적 소망을 통해 현실의 고난을 극복하려는 신앙의 태도로 이해될 수 있다. 일제강점기라는 민족의 위기 속에서, 하나님이 반드시 정의와 회복을 이루실 것이라는 신앙의 확신을 가졌던 것이다. 그의 설교 대지인 『다니엘서 사경안』은 단순한 종말 예언이 아니라, 역사의 마지막을 향한 하나님의 계획 속에서 신앙을 유지하려는 좌절과 희망이 교차하는 기록으로 볼 수 있다.

## 종말 신앙과 민족적 상황의 연결

길선주의 종말론은 단순한 신학 개념이 아니라, 한국 민족이 직면한 고난과 희망을 반영하는 신앙적 기제였다. 그는 하나님이 창조하신 우주는 결코 소멸하지 않으며 영원히 지속될 것이라는 신념을 가지고 있었다. 이는 단순히 물질 세계와 영적 세계를 이분법적으로 나누는 것이 아니라, 영적 변화가 현실 세계를 변화시킬 수 있다는 신앙적 태도를 반영한 것이다.

그는 종말론을 강조함으로써 일제의 억압과 같은 현실적 수난을 초월할 수 있는 신앙의 힘을 제공하였다. 그에게 있어서 종말론은 단순히 미래의 심판을 기다리는 것이 아니라 현재의 신앙적 각성과 민족의 부흥을 촉진하는 도구였다.

## 신앙 실천으로서의 종말론: 회개와 성결 운동

길선주 목사의 종말 신앙은 단순한 미래 예측이 아니라, 현재의 신앙 실천을 강조하는 윤리적이고 영적인 운동이었다. 그는 종말을 대비하는 방법으로 회개, 철저한 신앙 생활, 경건한 삶을 강조했다. 이는 1907년 평양 대부흥 운동과 직결되는 신앙적 흐름이었다.

그의 종말 신앙은 특히 그리스도의 재림이 임박했음을

강조하며, 성도들에게 철저한 신앙적 준비를 요구하였다. 이러한 강조점은 한국 개신교의 회개 운동과 부흥 운동에 큰 영향을 미쳤고, 이후 한국 교회의 종말론적 경건주의 형성에도 중요한 역할을 했다.

## 4. 어떻게 읽을 것인가?

길선주 목사의 종말론을 오늘날 우리가 어떻게 읽어야 할 것인가를 고민하는 것은, 그의 신학이 갖는 현대적 의의를 재조명하는 중요한 작업이다. 그의 종말론은 성경을 문자적으로 해석하고, 역사적 전천년설을 기반으로 하며, 종말 신앙을 민족 현실과 연결하는 특징을 지닌다. 이러한 신앙은 한국 개신교 초기의 종말론적 분위기를 형성하였고, 이후 한국 기독교의 신앙운동과 부흥주의 신앙관에 지속적인 영향을 미쳤다.

물론 그의 종말 신학이 세대주의적 전천년설과 유사한 해석 방식을 보이고 문자적 해석에 과도하게 의존한 점은, 오늘날 신학적으로 논란이 될 수 있다. 특히, 유대인이 7년 환난의 주된 대상이 된다는 해석과 같은 요소들은 현대 신학의 비판적 검토가 필요하다. 하지만 이러한 한계에도 불구하고, 그의 종말 신앙이 단순한 종말 예측이 아니라 한국의 역사와 사회에서 신앙적 각성과 희망을 불러일으킨 신앙 운동이었다는 점은 중요하다.

그래서 오늘날 우리는 그의 종말론을 어떻게 읽어야 할까? 그것은 단순히 20세기 초 한국 교회의 신앙 형태를 이해하는 것만이 아니라, 현대 기독교 신앙과 윤리적인 실천 속에서 그의 사상을 재해석하는 과정이 되어야 한다.

첫째, 물질주의적 삶을 초월하는 신앙적 각성의 관점에서 그의 종말론을 바라볼 필요가 있다. 길선주 목사는 종말 신앙을 통해 성도들에게 영적 긴장감과 삶의 방향성을 제시하려 했다. 이는 오늘날 지나친 세속화와 개인주의적인 신앙 태도를 경계하는 데 유용한 도전이 될 수 있다.

둘째, 종말론적 책임의식과 윤리적 삶을 강조하는 측면에서 그의 신학을 조명해야 한다. 길선주 목사는 종말을 기다리는 소극적 자세가 아니라, 현재의 삶에서 신앙을 실천하며 시대적 책임을 다할 것을 강조했다. 이는 단순한 종말론적 기대를 넘어, 현대 기독교인들이 어떻게 정의와 사랑, 공동체적 삶을 실천해야 하는가에 대한 방향성을 제공할 수 있다.

결론적으로, 오늘날 길선주 목사의 종말 신학을 읽는 것은 단순한 과거 신학의 재구성이 아니다. 그의 신학을 현대의 신앙적 삶과 연결하여 적용하는 방식으로 읽어야 한다. 그의 종말론은 종말을 기다리는 것이 아니라, 오늘 우리의 삶을 신앙적으로 성찰하고 실천하도록 이끄는 중요한 신학적 자원으로 남아 있으며, 오늘날 기독교 신앙을 어떻게 발전시켜야 하는지를 고민하는 데 여전히 유의미한 신학적 유산이 될 수 있다.

## 5. 기대와 감사

그동안 독자들이 길선주 목사의 작품을 사랑해 주어서, 그의 말세 신학을 보다 쉽게 접근할 수 있도록 이번에 한글본만 따로 구별해 출간하였다. 이 책을 매개로 좀 더 관심 있는 독자들은 김정현 목사나 길진경 목사가 편찬한 판본들도 살펴보기를 소망한다.

개정판 편집자들도 길선주의 글을 재미있게 읽었다. 어쩌면 우리가 어린 시절 한국교회 부흥기에 부흥사들을 통해 즐겨 들었던 내용과 유사해서 더 즐겁게 읽었는지 모른다. 이런 재미에 더해 독자들이 우리 선배 신앙인들의 치열한 삶과 신앙생활을 좀 더 깊이 이해하는 계기가 되기를 바란다. 영적인 고전은 우리를 근본적 문제로 돌아가게 해줄 뿐만 아니라, 오늘의 시대를 살아갈 자부심을 더해준다.

책을 한 권 두 권 더할 때마다, 이런 원본 작업은 결코 혼자 힘으로는 해낼 수 없다는 생각을 새삼 하게 된다. 2008년부터 이 책과 함께 씨름해 온 많은 분에게 감사를 드린다. 난해한 구절을 영어로 번역해준 드버니아 토레이 교수와 당시 편집진들부터, 이번 개정판을 위해 꼼꼼히 작업해 준 손영란 대표와 편집 작업의 마무리를 같이해준 류명균 팀장, 그리고 예쁘게 옷을 입혀준 박송화 디자이너에게도 감사를 드린다. 더불어 사이사이 대화로 나의 부족한 신학적 이해를 채워준 총신신학대학원 동료들에게도 고마움을 전한다.

2025년 5월
김재현

# 차례

## 일러두기

1. 한자나 옛말의 경우는 가급적 원문 그대로 남겨 두었으며, 이해를 돕기 위해 한자를 추가하거나 ( ) 안에 보충 설명을 더했다. 본문에 사용된 기호 중, ( ) 안의 내용은 엮은이가 독자의 이해를 돕기 위해 보충 설명한 것이고, [ ] 안의 내용은 원문의 저자가 직접 기재했던 부분으로 각각 구별하여 표시했다.

2. 원전의 의미를 변화시키지 않는 범위에서 조사 등의 보조어를 첨가했다.

3. '묵'으로 표기된 성경책 이름은 계시록을 의미하지만, 당대의 느낌을 살리기 위해 길선주가 사용한 표기법을 그대로 두었다.

# 제1장 서언

대개 말세학은 주의 재림을 중심으로 한 것이다.

주의 재림에 대하여 모든 신자들의 견해가 각각 다르다. 혹은 천년안식세계 후에 주께서 오신다 하고, 혹은 성신강림을 곧 주의 재림이라 하여 이미 시기가 지났다고도 하며, 또는 주의 재림이 전연全然(전혀) 없는 것이라고도 한다.

1. 예수께서 천년 안식 후에 오신다는 말은 도무지 불합리한 것이다. 왜 그런고 하면 병이 다 나은 환자에게 의사가 무슨 소용이 있으며, 세상이 광명하다면 다른 빛을 요구할 이유가 있겠는가. 세상이 병들었기에 의사이신 예수를 갈망하는 것이며, 시대가 암흑暗黑하기에 광명이신 예수께서 오셔서 광명한 천년왕국을 건설할 필요가 있는 것이다.

2. 만일 성신강림을 주의 재림으로 본다면 바울 선생이 이른바 "대개 주께서 장차 호령과 천사장의 소리와 하

나님의 나팔로 친히 강림하시리"[살전 4:16~17] 하신 말씀은 성신강림 하신 뒤에 가르치신 말씀이니, 이를 어떻게 해석하겠는가. 바울뿐 아니라 오순절 성신 강림하심을 목도한 베드로도 베드로전·후서에 주 재림을 대망待望하였고 (기다리며 바랐고), 오순절 동참자요 성경 마지막 권을 쓰신 사도 요한이 예수님에게 재림하실 것을 친히 들은 기록이 묵시록이 아닌가. "아멘 주 예수여, 오시옵소서"

3. 주의 재림이 전무全無하다는 말은 성경을 전혀 부인하는 말이니 족히 논할 바 없거니와 "가서 너희 있을 곳을 예비하면 내가 다시 와서 너희를 나에게로 영접하여 나 있는 곳에 너희도 있게 하리니"[요 14:3]라고 예수의 친히 하신 말씀을 어떻게 해석하려는가. 성경 중 재림에 대한 명백한 구절은 이루 다 예거例擧하기(예로 들기) 어려울 만큼 많다.

주께서 반드시 다시 오셔서 천년왕국을 건설하실 것은 확실무의確實無疑한(의심할 바 없이 확실한) 사실이요, 성경 전부를 자세히 연구함으로 더욱 분명히 깨달을 수 있다.

그런데 주의 재림하실 시기에 대하여 마태복음 24장 36절의 "어느 때인지 아는 이 없다"는 말씀을 가지고 주 재림은 신비적 경륜인즉 그 시기는 알 수 없으니 불문에 부치려는 자가 불소不少하나(적지 않으나), 이는 재림이 있어도 좋고 없어도 좋다는 말이요 마음에 재림의 간절한 대망이 없는 태도이다. 36절 말씀을 보고 주의 오실 시기를 도무지 알 수 없다고만 할 것이면, 동同 32~35절에 "무화과 나무의 비유"로 분명히 속히 오실 시대를 가르치신 말씀을 어떻게 해석하겠는가. 성경의 국부적 견해를 가지고 전체적 대의를 몰각沒覺함(깨달지 못함)은 불가不可하다. 비유를 들어 말하면, 어떤 건축물의 일부분만 보고서 그 가옥 전체를 아는 것은 오해라기보다 어리석은 일이다. 적어도 그 건물의 대지의 평수와 재료와 구조와 대소와 기타 일절을 자세히 알기 전에는 건물의 전체를 안다고 하기가 어렵다.

이와 같이 주의 재림에 대한 형편을 분명히 알려면 이에 대한 성경 구절 전부를 종합하여 연구하기 전에는 가히 논단할 수 없는 일이다. 그리고 마태복음 24장 36절에 "아무도 알지 못한다" 하신 말씀은 신자들에게 주 오실 것을 은닉하여 알지 못하게 하실 목적이 아니고, 다만 그 모든 징조를 보고 당박當迫(임박)한 주의 재림을 암시하여 준비를 시키실 목적으로 하신 말씀이다.

만일 주께서 참된 신자들에게도 도적같이 오신다면 다년간 주를 믿은 것이 헛것이 아닌가. 주님의 초림初臨 시에도 세례 요한이 와서 먼저 길을 예비한 것 같이, 재림 시에도 성신이 반드시 신자에게 나타나서 총명을 열어 주 오실 시기를 깨달아 알게 하여 준비시키실 것이다. 그런고로 신자들은 주님이 오실 일자日字는 알 수 없으나 그 시한은 알 수 있는 것이 행복이다.

예를 들면 백세의 고령자가 중병에 걸리어 고통 중에서 식물까지 끊은 지 수 주일이 지났다 하면, 그 노인이 다시 소생하여 3~40년을 더 살 줄을 믿을 수 있을까. 만일 여기 대하여 더 장구히 생존할 줄로 아는 자는 어리석은 자이다. 이 노인이 운명殞命할 시간은 알 수 없으나, 몇 날이 지나지 않아서 종명終命되리라고(목숨이 끝날 거라고) 추단推斷(미루어 판단)할 수 있는 것은 생리학적으로 보든지 경험상으로 보아 분명한 일이다.

이와 같이 이 시대는 모든 선지자들의 예언과 주님의 교시敎示하신(가르쳐 보이신) 바와 사도들의 묵시가 다 응하여 가는 시대가 아닌가. 주께서 가르치신 10동녀童女의 비유를 보라. 어리석은 다섯 처녀가 신랑 온다는 소리를 듣고 임시로 기름을 사려는 것이 무슨 공효功效(공 들인 보람)가 있었는가. 주께서 말씀하시기를 "인자가 올 때에 믿는 자를 보겠느냐" 하신 말씀은 말세에 신자가 도무지 없으리라는 말씀은 아니다. 인자人子 오신다는 소식을 듣고 재림을 믿으려는 자는 믿음이 없다는 말씀이다.

저자는 일찍이 이러한 경험을 가졌었다. 나의 장자의 혼례를 위하여 선천宣川을 가려는 아내와 아들에게 차 시간을 독촉하였으나 늙은 사람이 항용恒用(늘)하는 잔소리로만 알고 서서히 정거장에 도착하자 벌써 기차의 출발신호가 끝나고 차 바퀴는 움직이기 시작하였다. 그리하여 우리가 떠나야 될 예정 시간을 놓치고 말았다.

예수께서 속히 오실 것을 확신하고 준비하는 것은 신자의 당연한 본분이다. 이러한 신앙에서 간절한 기도도 생기고 성경을 깊이 연구하려는 열심도 나고 전도하지 않고는 견딜 수 없는 열정도 발하는 것이다. 이와 반대로 재림을 심상尋常히(대수롭지 않게) 여기는 불철저한 교훈으로 말미암아 신자들의 받는 해독害毒은 실로 무섭다. 열렬한 신앙을 냉각시키는 것과 범죄 할 기회를 열어 주는 것과 천국의 소망을 흐리게 하는 것은 다 불철저한 재림관再臨觀에서 생기는 해독들이다.

노아 시대에 하나님께서 이 세상을 홍수로 멸할 것을 120년 전부터 노아에게 알게 하심으로, 노아가 120년간을 아라랏 산 밑에서 고백목古柏木으로 방주를 건조한 후 홍수가 내리기 7일 전에 모든 동물과 식물을 싣고 배에 들어가서 홍수 내리기를 기다렸다. 하나님께서 노아에게 홍수로 세상을 멸할 것을 알게 하신 것과 같이 우리 신자들에게 성신으로 주께서 재림하실 것을 알게 하시는 고로 "인자의 날도 노아의 날과 같다" 하신 것이 아닌가.

또 구약시대에 모든 선지자들이 율법을 지켜 행함으로 구원함을 얻은 것이 아니요, 허락하신 메시아가 오실 줄로 믿고 바람으로 구원 얻은 것이다. 이와 같이 또한 신약시대의 성도들도 성경의 말씀을 지켜 행함으로 구원함을 얻을 것이 아니요, 허락하신 그리스도가 다시 오실 줄로 믿고 바람으로 구원을 얻을 것이다.

오! 형제여, 자매여! 우리의 신앙의 토대는 그리스도의 십자가의 보혈에 있는 것이며, 신자들의 불변불후不變不朽(변하지도 없어지지도 않음)의 무궁한 소망은 주님이 다시 오시어서 평화의 천국을 건설하심에 있는 것이니 깨어 준비하고 신앙에 굳게 서서 소망 중에 즐거워하기를 바라는 바이다.

[속續]

『신앙생활』 1935년 제4권 제7호

# 제2장 총론

## 1. 시대

하나님께서 천지만물을 창조하시고 우리 인류의 시조 아담을 창조하신 때부터 예수 지상 재림 때까지 세 시대로 나눌 수 있다.

(1) 아담 때부터 노아 때까지 – 상고시대上古時代

　　[상고시대 시조 아담]

(2) 노아 때부터 예수 때까지 – 중고시대中古時代

　　[중고시대 시조 노아]

(3) 예수 때부터 예수 지상 재림 때까지 – 말시대末時代

　　[말시대 시조 예수]

　　이와 같이 세 시대로 나눌 수도 있고, 또한 아담이 창조함을 받은 때부터 무궁안식시대까지 일곱 시대로 나눌 수 있다.

(1) 아담이 창조함을 받은 때부터 죄를 범하기 전까지 무
  죄시대無罪時代

(2) 아담이 죄를 범한 뒤부터 노아 홍수까지 양심시대良心時代

(3) 홍수 후부터 아브라함 때까지 인권시대人權時代

(4) 아브라함부터 모세 때까지 허락시대許諾時代

(5) 모세 때부터 예수 때까지 율법시대律法時代

(6) 예수 때부터 7년 대환난 말 때까지 은혜시대恩惠時代

(7) 천년왕국시대부터 무궁시대까지 안식시대安息時代


## 2. 그리스도 5차의 강림

그리스도께서 세상에 강림하심이 무릇 5차이다.


(1) 인자로 강림 - 누가복음 2장 5~7절[율법시대 말]

(2) 성신으로 강림 - 사도행전 2장 1~4절[교회시대 초]

(3) 신랑으로 강림 - 데살로니가전서 4장 16~17절[교회
  시대 말]

(4) 만왕의 왕으로 강림 - 마태복음 24장 29~31절, 25장
  31~34절[7년 대환난시대 말]

(5) 심판주로 강림 - 묵시록 25장 11~13절[7년 말 마귀
  잠시 석방시대]

그러나 그 5차의 오심이 다 한 모양으로 오시는 것이 아니다. 그때도 다르고, 그 처소도 다르고, 그 오시는 모양도 다르고, 주께서 가지고 오시는 권세도 다르고, 그때 형편도 다르다. 그리하여 점점 위엄 있게 다섯 번 오시는 그 형편을 순서에 따라 해석하려 한다.

첫째, 인자人子로 오실 때에는 무한히 겸손하게 오시었다. 성경 본문 마태복음 12장 19~20절을 보면, 그는 신으로서 사람의 몸을 입으시고 세상에 오셔서도 누구와 더불어 다투지도 않으시고 떠들지도 아니하여 아무 사람도 그의 소리를 듣지 못하겠다고 이사야가 증거하였다. 따라서 상한 갈대도 꺾지 아니하고 꺼지는 등불도 끄지 아니하기를 심판하여 이길 때까지 이르겠다고 하신 말씀을 보더라도[사 42:3], 예수는 참 인자로서 무한히 겸손하게도 오신 것을 알 수 있다. 또 베드로전서 2장 23~24절을 보면 욕을 받으셔도 대신 욕하지 아니하시고 고난을 받으시되 발악하지 않으시고 오직 공의로 심판하시는 자에게 자기를 부탁하시며 친히 나무에 달려 그 몸으로 우리의 죄를 담당하셨으니, 이는 죄에서 죽은 우리로 하여금 살게 하여 의를 행하게 하심이다. 그뿐 아니라 "저가 매를 맞아 상함으로 너희는 고침을 얻었다"[사 53:4~12]고 한 성경 본문을 보면, 그 얼마나 겸손하게 오신 것을 알 수 있다.

　주께서 이와 같이 겸손하게 오셨을 뿐 아니라 성결무
흠聖潔無欠하고(거룩하고 깨끗하여 흠이 없고) 완전하신 사람으로 오
시었다. 대저 우리 인생은 한 번 죄를 범함으로 완전무흠完
全無欠(완전무결)한 참 인생의 선한 성품을 잃어버렸다. 그런고
로 남자는 여자의 사정을 알지 못하고, 여자는 남자의 사
정을 알지 못하고, 아해兒孩(아이)는 어른의 사정을 알지 못
하고, 어른은 아해의 사정을 알지 못하고, 노인은 청년을
이해하지 못하고, 청년은 노인을 이해하지 못하며, 유태인
은 이방인의 사정을 알지 못하고, 이방인은 유태인의 사정
을 알지 못한다.

　죄로 인하여 하나님과 사람 사이에 담벽이 막혔을 뿐
아니라 사람과 사람 사이에도 서로 담벽이 막혔으니, 예수
께서는 그렇지 아니하사 남자의 성품이 완전한 동시에 여
자의 성품이 완전하시고, 아해의 성품을 가지신 동시에 어
른의 성품을 완전히 가지셨으며, 청년의 성품을 소유하신
동시에 노인의 성품을 소유하시고, 유태 지파 다윗의 자손
인 고로 유태인의 혈통이시나 이방인 다말, 나합, 룻의 자
손인 고로 이방인의 피가 섞여 있으니, 예수는 참 유태인
이시며 참 이방인이시요, 참 남자요 참 여자이시며, 참 어
린아해이시며 참 어른이시요, 참 청년인 동시에 참 노인이

시니 완전무흠하신 참 인격이시다.

그런고로 남자의 사정을 아시매 남자를 동정하여 남자의 친구가 되시며 남자의 구주가 되시고, 여자의 사정을 아시며 여자를 동정하사 여자의 친구가 되시고 여자의 구주가 되시며, 어린아해의 정지情地(처지)를 아시며 아해의 친구도 되시며 아해의 구주가 되시고, 청년의 사정을 이해하시며 청년을 동정하사 청년의 친구가 되시며 청년의 구주가 되시고, 노인의 사정을 아시며 노인을 동정하사 노인의 친구가 되시며 노인의 구주가 되시었다[눅 2:7~11].

이 성결무흠하신 의인의 피를 가지신 예수를 스데반 같은 순교자도 이를 증거하였고[행 7:52], 십자가에 같이 못 박혀 죽던 강도도 이를 증거하였고[눅 23:41], 예수를 십자가에 못 박던 이방 군인도 이를 증거하였다[눅 23:47]. 주님께서 십자가에 못 박혀 죽으실 때에 그 육체는 3일 동안 무덤 속에 계셨으나 그 신神은 음부에 있는 낙원에 가셔서 영혼들에게 전파하셨으니[벧전 3:19~20, 4:6], 이는 구약시대에 메시아를 기대하다가 죽은 선지자의 영혼들과 선지자의 전도를 받아 구주를 기다리는 자의 영혼들에게는 복음이 되나 옛날 노아시대에 믿지 아니하고 홍수에 멸망한 자들의 영혼들에게는 죄를 정하는 선고가 되느니라.

"그가 위로 올라갈 때에 사로잡힌 자를 사로잡고 각 사람에게 선물을 주셨다 하였도다. 이미 위로 올라가셨다 하였은즉 땅 아래의 곳으로 내려가셨던 것이 아니냐"[엡 4:8~9] 하신 뜻은 구약시대에 하나님을 믿고 의지함으로 경건하게 지내다가 죽은 후에 사망의 권세 아래에 복종하며 음부 낙원에 사로잡혀 있어서 그리스도를 기다리던 영혼들을 주께서 사로잡아 천당으로 올리고, 또 선지자들은 주께서 부활하신 후에 즉시 부활하여 거룩한 성으로 들어가서 많은 사람에게 나타나 보였느니라[마 27:52~53]. 혹이 말하기를 "성자께서 어찌 지옥에를 가셨으리오" 하나, 이는 무식한 말이다. 제왕이라도 감옥을 시찰할 수 있다. 주께서 우리 인생이 받을 지옥 고난이 얼마나 괴로운 것인가를 자세히 시찰하셔야 완전히 지옥에 떨어질 자를 대속하시는 공을 이루실 것이다. 죄인에게는 지옥이 무서운 곳이 될 것이나, 무죄하신 우리 주께서야 지옥을 친히 가서 보신들 무서울 것도 없거니와 인생의 지옥 고초를 아시기 위하여 몸소 음부에까지 내려가신 예수의 사랑은 높이가 하늘에 달하고 깊이가 음부에까지 달하시었다.

주께서 부활하신 후에는 음부에 있던 낙원이 천당 신령한 곳으로 합병하였으니, 지금 신자들은 세상을 떠나면 주께서 승천하실 때에 개통開通하신 천로天路(천당으로 가는 길)로 말미암아 직접 승천하여 천당 신령한 자리에 있다가 주께서 재림하실 때에 영혼과 육신이 합하여 영광스러운 보좌 앞으로 갈 것이며[살전 4:16~17], 불신자들은 죽으면 죄인이 갇히는 지옥에 직접 가서 고통을 받다가 주께서 천년 끝에 심판주로 강림하실 때에 영혼과 육신이 합하여 부활하여 영원한 유황불 형벌을 받게 되나니, 이것이 제2차 사망의 부활이니라[요 5:29; 묵 20:5~6].

둘째, 성신으로 오신 것은 인자로 오신 것과 다르다. 성신을 능히 속일 수도 없고 감히 훼방할 수도 없다. 아나니야 부부는 성신을 속인 죄로 사도의 발 앞에서 그 죄가 나타나는 그 시간으로 혼이 곧 떠나고 생명이 끊어져 죽은 것이다[행 5:1~18].

그뿐만 아니라 주님께서도 성신으로 오심은 인자로 오신 것보다 위엄이 있다는 것을 가르치셨다[마 12:31~32]. 말로 인자를 훼방하면 그 죄를 사하려니와 성신을 훼방하면 그 죄는 현세에나 내세에나 사함을 받지 못하겠다고 하신 말씀을 보면, 성신으로 강림하심은 인자로 강림하신 때보다 위엄이 있음을 알 것이다. 또 성신으로 강림하심에는 세 가지 특징이 있나니,

(1) 바람과 같이 강림하셨다[행 2:2]. 급한 바람과 같이

제자들의 앉은 방 안에 충만하였으니, 그 형세를 누가 능히 대적하며 누가 능히 막으리오. 주께서 니고데모에게 신령한 도리를 가르치실 때에 "바람이 임의로 불매 소리를 들어도 어디서 오며 어디로 가는지 알지 못하나니 성신으로 난 사람은 다 이러하니라"[요 3:8] 하신 말씀은 장차 제자들에게 임할 성신을 가르치신 예언이다.

(2) 불과 같이 강림하셨다[행 2:3]. "불과 같은 혀가 갈라진 것이 저희에게 보여 각 사람 위에 임하여 있었다" 함은 ① 성결케 하며, ② 뜨겁게 하며, ③ 방언을 말하게 하며, ④ 영광스러운 것을 가르침이다. 이와 같이 성신이 임하심은 제자들의 죄를 태워서 깨끗하게 하시며 그들의 마음에 뜨거운 열정이 일어나게 하시며 각국 방언을 말하게 하시며 무궁한 영광을 나타나게 하심이다.

(3) 성신이 강림하사 위화爲化하시는(이루시는) 길이 4계제階梯(단계)가 있다.

① 인도하심[사 63:10; 행 8:28, 10:19, 16:6~7]

② 감동하심[살전 5:19]

③ 중생重生하게 하심[요 3:5~6]

④ 충만하심[행 2:4]

성신의 인도하심을 거스르지 아니하여야 성신의 감동함을 받고, 성신의 감동함을 소멸치 아니하여야 성신의 중생함을 받고, 성신의 거듭남을 막지 아니하여야 성신의 충만함을 받을 것이다. 그런데 인도함도 여러 번 받고 감동함도 여러 번 받고 충만함도 여러 번 받을 수 있으나, 중생은 한 번뿐이요 두 번 받지 않나니, 아해가 한 번만 출생함과 같고 충만함은 아해가 점점 장성함과 같다.

셋째, 신랑으로 오시는 것은 좀 더 권위 있게 오실 것이다. 마태복음 24장 40~41절과 누가복음 17장 34절과 마태복음 25장 1~13절을 보면, 주께서 신랑으로 오실 때에는 진실한 성도들은 데려가고 부족한 신자는 버려둔다고 하였다. 부족한 신자를 버려둔다면 불신자들이 받을 재앙이야말로 심할 것이다.

교회는 다 승천하였으니 복음을 듣기 어려운 때며, 따라서 성신도 올라갔으니 감화받기도 어려운 시대일 뿐 아니라, 주께서 7년 대 환난을 가지고 오셔서 큰 재앙을 세상에 쏟아 놓으실 것이니 얼마나 무서운 세상이 될 것인가.

넷째, 만왕의 왕으로 오실 때에는 참으로 두려운 시대이다. 주께서 왕의 권세로 피 묻은 옷을 입으시고 이 세상에 오실 때, 땅에 큰 지진이 나서 사람을 삼킬 듯이 흔들리고 날은 총담(검정색 염소털로 만든 자루나 옷감, 참고 계 6:12)같이 검어지고 달이 피와 같이 붉어지며 하늘에 총총히 빛을 반짝이던 별들은 모진 바람이 무화과나무를 흔들어 익지 아니한 과실이 떨어지는 것처럼 저 하늘이 옮겨가며 모든 산과 섬들이 제자리를 옮기리니 그 두려움이야말로 얼마나 할는지 알 수 없고, 모든 족속들이 산과 바위를 향하여 산은 우리 위에 무너지고 바위는 떨어져 보좌에 앉으신 이의 낯과 어린 양의 진노하심을 가려 피하게 하려고 부르짖게 하는 위엄과 두려움이 있을 때가 곧 주께서 만왕의 왕으로 오실 때이며, 면양과 산양을 갈라놓는 것 같이 의인과 악인을 좌우에 갈라 세우고 의인은 천년안식세계로 들여보내고 악인은 지옥으로 던져 버리실 터이니, 어찌 무섭지 않으리오[마 25:31, 46; 묵 1:7, 19:11~16; 사 63:1, 6, 11:5; 묵 6:17].

다섯째, 심판주로 오실 때에는 그리스도의 마지막 강림이시다. 그리스도께서 자기의 무한하신 권세로 이 우주에 모든 악을 없이하고 새로운 무궁안식세계를 건설하시려는 때이다.

이때는 세상에 제일 악한 마귀 왕을 쳐서 멸망시키실 때이니, 그리스도의 그 권위야말로 얼마나 크실 것인가. 베드로후서 3장 10~12절, 묵시록 20장 10~15절을 읽어보면 그리스도께서 심판주로 오실 그날에는 하늘이 큰 소리를 내며 물러가고 체질(하늘을 구성하는 기본원리로, 천체나 만물을 의미)은 뜨거운 불에 녹아 풀어진다고 하였나니, 그때에는 하늘의 천사라도 떨리라고 하였다. 그런데 죄인이야말로 어느 곳에서 어떻게 피할 것인가.

인자로 강림하신 주를 믿지 아니한 자와 성신으로 강림하신 주와 만왕의 왕으로 오신 주를 환영치 못할 자여, 너희에게 임할 고난과 그 두려움이 어떠할 것인가. 불신자와 추락 신자의 당할 일은 진실로 가련하다. 주를 참으로 믿지 못한 그들에게 점점 위엄 있게 오시는 주를 피할 수 없이 만나게 될 것이니, 그리스도 5차의 강림하심이 이와 같이 각각 다르고 점점 심판의 위엄이 더 있게 오실 것이다.


## 3. 부활

삼춘양기三春陽氣(봄의 따뜻한 기운)가 돌아오면 삼동三冬(겨울의 3개월)에 죽었던 동식물이 다시 살아나는 것과 같이, 사랑의 태양이신 주께서 오실 때마다 부활하는 이치가 다섯 번 있다.

(1) 예수 부활[십자가에 못 박혀 죽으신 지 3일 후, 마 28:1~10; 막 16:1~14; 눅 24:1~12; 요 20:1~18]

(2) 성인 부활[예수 부활 후, 마 27:52]

(3) 교회 부활[주께서 공중 재림할 때, 살전 4:16~17; 고

전 15:23; 요 5:27~29]

(4) 유태인 부활[대 환난에 교회 위하여 죽은 자까지, 7년
끝에 주께서 땅에 강림하실 때, 겔 37:1~12; 단 12:2]

(5) 죽은 죄인 부활[심판 주로 강림하실 때, 묵 20:13~15]


## 4. 심판 7차

(1) 신자의 죄 심판
- 때: 주후 30년간
- 곳: 골고다 십자가
- 성경: 요 19:18; 벧전 3:18; 고후 5:21; 요 5:24;
　　　갈 3:13; 히 9:26; 롬 8:1

(2) 신자의 양심 심판
- 때: 아무 때나
- 곳: 아무 곳이나
- 성경: 고전 11:31~32, 5:5; 딤전 1:20; 히 12:7;
　　　삼상 7:14~15, 12:13~14; 벧전 4:17

(3) 신자의 행위 심판
- 때: 주 신랑으로 오실 때
- 곳: 공중 혼인 연석

- 성경: 고전 3:11~15; 마 16:27; 고전 4:5; 딤후 4:8; 눅 14:14

(4) 이스라엘 나라 심판

- 때: 영광 중에 나타날 때

- 곳: 유태 광야

- 성경: 시 50:1~21; 겔 20:33~38; 마 19:28

(5) 만국 심판

- 때: 주께서 만왕의 왕으로 강림하실 때

- 곳: 여호사밧 골짜기

- 성경: 마 25:31~32, 13:41~46; 욜 3:1~2, 12~14; 마 25:40~45

(6) 죄인 심판

- 때: 주 심판주로 오실 때

- 곳: 크고 흰 보좌

- 성경: 행 17:31; 묵 20:5, 7, 20:11~15

(7) 천사 심판

- 때: 마귀 놓아준 후

- 곳: 알지 못함

- 성경: 고전 6:3; 벧후 2:4; 유 1:6

『신앙생활』 1935년 제4권 제8호

# 제3장 예수 재림의 징조[28 대내증大內証]

## 1. 여자의 권세 돌아옴으로 증거

성경 이사야 4장 1절을 보면 여자 7인이 한 남자를 붙잡고 말하기를 "우리가 우리 밥을 먹고 우리 옷을 입을 것이니 오직 당신의 이름으로 우리를 부르게 하여 우리의 수치를 없이 하라 하리라" 하였으니, 이는 말세에는 남자가 여자보다 6할이나 감소될 것을 예시한 것이다.

보라, 저 유럽 대전쟁시대(제1차 세계대전)에 2,500만 명이나 피를 흘린 것이 모두 남자였다. 그러므로 당시 유럽에는 여자의 출가난出嫁難(결혼의 어려움)이 일대 문제가 되었었다. 또 현재 영적 방면으로 보아도 교회의 교인 수가 남자보다 여자의 수가 3분지 2 이상이 회집하여 하나님의 은혜를 받고 있는 것이 사실이다. 이로 보건대 7년 대 환난의 세계 대전쟁이 날 때에는 남자가 많이 죽음으로 여자보다 그 수가 6할이나 감소될 것이다. 이는 하나님의 공평한 섭리에 당연한 것이다. 어찌하여 그런고 하니 옛날 유태국에서 하나님의 선지자들을 죽인 자들이 여자가 아니요 다 남자들이며, 하나님의 아들 예수를 십자가에 못 박은 자들이 여자가 아니고 남자들이었었다. 그런고로 7년 환난에 남자가 많이 죽을 것이다. 이사야 3장 12절을 보면 "내 백성을 관할할 자는 부녀라" 하였으니, 말세에는 여자의 권세가 돌아올 것이 분명하다.

근세에 큰 사업을 성취한 자 중에 여자들이 많이 있다. 1820년에 미국에 출생한 스토브 부인은 『엉클 톰스 캐빈』이란 소설 한 권을 저술하여 노예 해방의 동기를 지어 400만 흑노黑奴(흑인 노예)를 쇠줄에서 풀게 하였으며, 1844년에 오지리국墺地利國(오스트리아) 부락부 성城에 출생한 슌라 부인은 『네 칼을 칼집에 꽂으라』[무장해제武裝解除]는 책을 저술함으로 만국평화회를 처음으로 개최하게 되었으며, 미국 월나스 부인은 1883년에 세계금주대회를 개최하였으며, 앗수리아국 사마 부인은 그 나라 대통령이 되었으며, 미국 대심원에 여 검사총장檢查總長이 있었으며, 여 성장省長, 여 공사公使가 있었고, 미국 감리교 중에는 여 목사들이 장립將立되었고, 장로교 중에도 여 장로들이 많다. 그뿐 아니라 영·미국 선거투표수에 여자가 많다 하니, 여자의 권세가 돌아옴이 분명하다.

이후 우리 주께서 재림하실 때에도 여자가 먼저 환영할 것이다. 그 이유는 '전에 된 일은 장래의 그림자이라'는 말과 같이 우리 주께서 부활하신 후에 막달라 마리아와 여러 부인들이 주를 먼저 환영하였으니, 이로 보건대 주 재림 시에도 여자들이 먼저 주를 환영할 것이다. 그런고로 말세에는 생명의 구원을 얻을 자도 여자들이 많고 권세를 잡을 자도 여자들일 것이다.

## 2. 아해가 어른을 멸시함으로 증거

이사야 3장 5~12절을 보면 아해가 늙은이를 대하여 교만하고, 나의 백성을 허대虛待하는(무시하는) 자는 아해라 하였으니, 현금現今(현재) 세계에서 노인을 배척하는 일이라는 듯이 노서아露西亞(러시아)에서 아해들을 위하여 국정절일國定節日을 정하고, 시위운동을 행할 시에 노인들이 나립羅立하여(벌려 늘어서) 아해들에게 경례를 하는 일이라든지, 또한 지금 아해들이 어른에게 불복하고 청년들이 노인을 멸시하는 것이 모두 말세를 가르친 이 성경 예언에 응한 것이다.

## 3. 부자, 형제가 서로 죽임으로 증거

마태복음 10장 21절에 말씀하기를 "장차 형제가 형제를 죽을 땅에 내어주며, 아비가 아들을 또한 그렇게 하며, 아들이 부모를 대적하여 죽게 하리라" 하였다. 보라 저 노서아에서는 부자, 형제간에 주의主義가 반대되고 사상이 충돌

되면 서로 죽이는 폐가 있다. 몇 해 전 북만北滿(북만주)에서 공산주의의 무리가 살부회殺父會(공산주의자 자녀들이 공산주의자가 아닌 아버지를 살해하자는 모임)를 공연히 만들었던 것이다. 옛날 우리 조선에서는 자식이 부모를 죽이든지 아우가 형을 죽이면 그 사변이 생기生起한(일어난) 읍邑을 혁파하는 법이었더니 지금은 그렇지 않아서 일간신문 지상에 기재되는 것을 보면 자식이 부모를 죽이는 일이 종종 있으며, 부모가 자식을 죽이는 일이 많은 것이며, 죽이기까지는 이르지 아니할지라도 윤도倫道(윤리와 도덕)가 쇠하여 감은 모두 주의 예언하심과 같이 말세의 징조이다.

## 4. 천인이 귀인을 대하여 교만함으로 증거

이사야 3장 5절에 가라사대 "천인이 귀인을 대하여 교만하리라" 하시었다. 현대 노서아를 보면 옛날 금전옥당金殿玉堂(크고 화려하게 지은 전각과 궁전)과 동궁하루冬宮夏樓(겨울궁전과 여름 누각)에서 부귀영화를 극極하던 귀인존자貴人尊者(지위가 높고 존귀한 사람)들이 지금에 와서는 노동자들의 방축放逐(자리에서 쫓아냄) 또는 압제를 당하게 되어 전일의 호화로운 생활이 꿈과 같이 사라지고 저들이 천인이라고 부르던 노동자들의 천지가 되고 말았으며, 재래 조선에 있어서도 반상귀천班常貴賤(양반과 상민, 신분의 귀천)의 차별이 엄하였더니 지금은 소위 양

반도 천하여진 자 있고 상인의 자식도 귀인 출세하는 자가 많다. 루소의 자유사상 고취 이래 계급타파란 20세기의 풍조가 되어 전일의 천인이 전일의 귀인을 오히려 하대下待하는 일이 많으니, 이 천인 교만의 풍조도 성경에 있으리라 한 말세의 징조이다.

## 5. 전화와 라디오로 증거

마태복음 7장 27절과 12장 3절에 말씀하시기를 "너희가 귓속에서 말한 것을 집 위에서 전파하리라" 하셨으니, 이는 다만 제자들에게만 향하여 하신 말씀뿐만 아니라 현재와 미래 온 세상 인류들에게 말씀하심이며, 영적 방면에 대하여만 말씀하신 것이 아니라 물질적으로도 장차 실현될 일을 예언하심이다. 현재 과학 발달에 따라 원거리의 음성을 들을 수 있는 라디오의 발명은 예수의 예언을 물질적으로도 입증하는 것이 아니라 할 수 없다. 물계物界(물질계)의 음파가 라디오를 통하여 감출 수 없이 전달되는 것이면 더구나 영적세계에 있어서는 주님 앞에서 온 세상에 모든 은밀한 것이 없이 드러날 것이다.

사람들이 수십 년 전에 주 재림하실 것을 생각할 때에는 '주께서 동반구에 강림하시면 천사장의 나팔소리를 서반구에서는 어떻게 들을 수 있으며, 주께서 서반구에 강림하시면 동반구에서는 어떻게 들으리오' 하셨던 바, 지금은 물계에서도 무선전화를 통할 수 있다면 물계와 영계의 주인이신 주께서 어느 곳에 강림하시든지 천사장의 나팔소리는 전 우주에 들릴 수 있음을 알 수 있다. 그뿐 아니라 동양에 앉아서라도 서양에 통화하는 것은 물론이요, 대화자의 얼굴까지 볼 수 있는 전송 사진까지 발명되었으니, 주께서 어떠한 곳에 강림하시든지 세계 인류가 그 음성을 일시에 다 들을 수 있고 그의 얼굴을 일시에 다 볼 수 있는 것은 더욱 분명한 일이다. 주의 음성을 듣고 주의 얼굴을 목도함에 영적 기사로 될 일이요, 과학적 설비를 요할 것은 없으나 물질방면에서 가능한 사실을 통하여 영계에서는 더욱 가능하다고 증거 할 수 있다. 그런즉 근대 물질문명이 극도의 발달을 보게 됨은 주 재림의 시기 촉박함을 증거 함이요 결코 우연한 일이 아니니, 주 재림하실 날이 불원不遠한(멀지 않은) 것을 알아야 하겠다.

## 6. 비행기로 증거

"만유의 여호와께서 예루살렘을 보호하시기를 새가 보금자리 위에서 너풀거림 같이 보호하고 구원하고 넘어가며 보존케 하리라"[사 31:5].

이 성경 말씀은 여호와께서 이스라엘을 보호하기를 모

조母鳥(어미새)가 제 새끼 새가 있는 보금자리를 지키듯이 극진히 지키심을 말함은 물론이거니와 그 보호하는 방법은 시대와 형편에 따라 여러 가지였다. 그러한 중 1917년 12월 9일 바로 구주대전歐洲大戰(제1차 세계대전) 시에 영국 앨런비 Edmund H. Allenby 대장이 예루살렘을 회복할 때에는 여러 용사들이 비행기를 타고 예루살렘을 날아 넘어 성성聖城을 점령하던 광경은 성경의 문자 그대로 새가 보금자리 위에 너풀거림과 같았나니, 금일 비행기도 성경의 예언을 실현하는데 한 도구가 된 것이다.

"저 구름이 나는 것 같이 하면 비둘기가 그 깃으로 올라가는 것 같이 하는 자들이 누구인가"[사 60:8] 한 말씀도 말세의 괴물 비행기를 이름이 아닌가. 또한 묵시록 8장 13절에 "공중에 날아가는 독수리가 크게 소리하여 가로되 화가 있을진저 화가 있을진저"라고 기재한 것을 보면 근일 비행기 상에서 폭탄을 투하하며 총포를 발사하며 독가스를 뿌리며 격멸의 선전 삐라(전단)를 뿌리는 광경도 '화 있을진저' 하는 소리를 외치면서 날아가는 독수리와 같으니, 전시용 비행대는 말세에 나타날 화의 독수리의 일종이 아니라 할 수 없다.

## 7. 지진으로 증거

예수 이르시되 "백성이 일어나 백성을 치며 나라가 일어나 나라를 칠 것이요 흉년과 지진이 각처에 있으리라"[마 24:7] 하신 말씀과 같이 지난 2천 년간 지진의 도수度數(빈도수)는 점점 더하여진다.

영국왕립과학협회 통계 보고에 의하면 가장 무서운 파훼破毀(파괴)적 폭력을 가진 지진은 예수님 예언하신 후, 즉 제1세기부터 지금 20세기까지 그 도수가 점차 증가했다. 소소한 지진은 그만두고 세계적 대지진으로만 제1세기의 15번으로 시작하여 점점 도수를 더하여 제13세기에는 115번에 달하였고, 13세기 이후에 그 도수가 더욱 증가하여 14세기에 137회, 15세기에 174회, 16세기에 253회, 17세기에 378회, 18세기에 640회, 19세기에 2,119회에 달하였음을 볼 수 있다. 20세기에 들어와 최근 20년간 각처에 일어난 대지진의 개황槪況(대략의 상황)을 보면 더욱 놀라지 않을 수 없다.

1908년에 이태리에서 대지진으로 인하여 한 도회都會(도시)가 전멸하였고, 1923년 9월 1일 불행히 일본 내지의 관동대지진關東大地震이 일어나서 손해가 막대하였나니 불에 타고 무너진 가옥이 54만 6천여 호였고, 사망자가 44만 7천 2백여 인이었고, 이재민이 3백만 명에 달하였으며 전

손해액이 50억 원에 달하였음은 동도불이同悼不已하는(슬퍼해 마지않는) 일이다.

1925년 3월 19일에는 중국 운남성雲南省 한 지방이 지진으로 큰 재난을 받았고, 1926년 7월 29일에 대서양 대지진이 일어났으며, 1927년 5월 23일 중국 감숙성甘肅省에 일어난 대지진으로 인하여 불에 타고 무너진 가옥이 43만 2천여 호나 되고 사망자가 35,495인에 달하였었다.

1927년에 또 다시 일본 내지 관서지방 대지진에 도훼倒毀(넘어지고 무너진) 가옥이 수만 호요, 사망자는 13,781이며, 손해액이 1억 원 이상에 달하였고, 1927년 7월 11일에 애굽에 대지진이 있었고, 동월同月에 예루살렘 등지 수백 리에 대지진이 있었다.

이 원고를 기초하고 있는 근일, 즉 1935년 4월 21일에도 대만에 지진이 나서 사망자가 만여 명에 달하고, 5월 31일 인도 케타시市에 대지진이 일어나 십여만 호의 가옥이 도훼倒毀되고 만여 명의 인구가 죽는 중에 병사 4천여 명도 죽고 비행 장교 1인도 죽었다는 보도가 있다.

1923년 9월부터 1927년 9월까지 4개년간에 전 세계에 일어난 지진 회수는 27,075번이나 되는 바 이것을 매년에 평균하면 6천 번 되고, 1일 평균 17번이라는 놀라운 숫자를 볼 수 있나니, 이 모든 현상이 예수의 예언이 이루

어지는 말세의 징조이다. [미완未完]

『신앙생활』1935년 제4권 제9호

## 8. 지식이 발달됨으로 증거

하나님께서 다니엘에게 말씀하시기를 말세에 반드시 지
식이 더하리라 하시었다[단 12:4 하반].

오늘의 문명은 극도의 발달을 이루어 사람의 지식은
크게 진보하였다. 천문, 지리, 물리, 화학, 의학, 기타 동
물, 식물 등 과학상 놀라운 연구와 발명을 하고 있다. 근세
100년간에 사람의 지식으로 발명된 중요한 몇 가지를 들
면 다음과 같다.

| 연대 | 국명 | 발명자 씨명氏名(성명) | 발명품명 |
| --- | --- | --- | --- |
| 1806 | 영英(영국) | 와트 | 증기기관 |
| 1867 | 서전瑞典(스웨덴) | 노벨 | 폭발탄 |
| 1876 | 미米(미국) | 벨 | 전화 |
| 1878 | 미 | 숄스 | 타자기 |
| 1878 | 미 | 에디슨 | 축음기 |
| 1879 | 미 | 보랏수 | 전등 |
| 1880 | 미 | 에디슨 | 백열등 |
| 1785 | 영 | 카트라이트 | 방직기 |

| 연대 | 국명 | 발명자 씨명氏名(성명) | 발명품명 |
|---|---|---|---|
| 1885 | 미 | 마젠트하라 | 활자철조기 |
| 1445 | 독獨(독일) | 구텐베르크 | 인쇄기 |
| 1856 | 미 | 호리트햇트 | 어형수전정魚形水電艇 |
| 1855 | 서서瑞西(스위스) | 룬드즈롬 | 양화洋火 |
| 1898 | 불佛(프랑스) | 기유리 | 리지움 |
| 1895 | 독 | 뢴트겐 | 엑스광선 |
| 1830 | 영 | 스티븐슨 | 기차 |
| 1885 | 미 | 스프라그 | 전차 |
| 1887 | 불 | 비에이유 | 무연화약 |
| 1890 | 오지리墺地利(오스트리아) | 웰스바하 | 필라멘트 |
| 1897 | 미 | 컴스 | 자동차 |
| 1893 | 미 | 에디슨 | 활동사진 |
| 1900 | 독 | 지젤 | 석유발동기 |
| 1900 | 이伊(이탈리아) | 마르코니 | 무선전신 |
| 1906 | 미 | 라이트 | 비행기 |
| 1923 | 영 | 쌤스 | 살인광선 |
| 1924 | 미 | 멜트 | 수상자전차 |

　　이상 열거한 이외에도 영인英人 뉴튼의 인력법칙, 서전
인瑞典人 린네의 식물분류법, 불인佛人 라 부아지에의 근세화
학, 영인 제너의 종두법, 곳흐의 세포학, 1807년 풀턴의
기선(증기선), 훈뿔의 박물학, 리히트호펜의 지질학, 르베리

에와 라플라스의 천문학 등의 저명한 발견이 있고, 철학에 독인獨人 임마누엘 칸트가 있고, 생물진화론에 다윈의 '종의 기원'이 있어 이루다 열거하기 어려우리 만치 각 방면에 긍하여 지식은 크게 발달하여 새로이 앞으로 진취하고 있으니, 다니엘에게 '말세가 되면 사람들의 지식이 더하리라' 하신 말씀이 응하는 것이다.

## 9. 많은 사람의 왕래함으로 증거

하나님께서 다니엘에게 명하시기를 "다니엘아 이 말씀을 간수하고 이 글을 봉하여 말세까지 두라. 장차 많은 사람이 왕래할 것이요 또한 지식이 더하리라"[단 12:4] 하신 말씀과 같이 과연 현대는 많은 사람이 왕래하는 세상이 되었다.

옛날에는 인구가 희소하고 국가와 국가 간에 문호를 굳게 닫고 상통치 아니하였으며, 교통도 극히 불편하여 육지에는 말과 나귀로 통행하고 수로에는 목선을 사용하여 통하였을 뿐이요, 동서양인의 교통은 더욱 곤란하였으나 근세에 이르러서는 교통기관이 매우 발달하여 수륙 교통에 불편이 없음에 따라 동서양인의 왕래가 이웃집과 같이 다닐 수 있게 되었다. 각국은 서로 다투어 교통의 민속을 연구하는 중 소위 스피드[속도] 시대라고 하여 육지의 기차만 하여도 매시에 150리(약 60km) 이상으로 달아날 만한 것으로 제조하고, 기선(증기선)도 매시 5~60리(20km 이상)씩 달아날 것을 만들어 세계의 교통은 극히 편리하여졌다. 이 위에 자동차 등 교통도 날로 성하여 미국은 매 2인에 자동차 1대씩 가지고 있다. 미국이 파나마 운하를 개척하여 대서, 태평 양양兩洋(두 바다)을 상통하게 하고, 영국은 수에즈 운하를 개척하여 지중해의 문을 열었다. 이와 같이 수륙 양계의 교통망을 완성할 뿐 아니라 비행기로써 공중의 통로를 만들어 매시 1500리(약 600km)를 능히 날아갈 수 있게 되었나니, 8만여 리의 대지구를 1주일이면 일주할 수 있게 되었다.

이와 같이 발달된 교통 기관으로 말미암아 각국 도시에는 인구가 점점 증가 되어 간다. 미국 뉴욕시는 인구 8백만, 영국 런던시는 760만, 동경시에는 5백만 인구가 살고, 백림伯林(베를린), 파리, 상해 등지에 3백만 명의 인구가 거주하고 있다. 상해만 하여도 시가市街에 나가면 23개국 인종을 볼 수 있다 하나니, 각 인종의 왕래가 빈번하고 출입이 복잡함을 알 수 있다.

세계 18억만의 인류가 물결치는 바다같이 이리 밀리고 저리 밀리며 동에서 서로 오고 가고 동하고 있어 실로 많은 사람이 왕래하는 세상이어서 하나님이 2,500년 전에 다니엘에게 이르신 말씀 그대로 이루어진 것이니, 말세의 가까움이 분명하다. 이 많은 사람의 왕래를 보고 어찌 성경 말씀을 기억하지 아니하는가. 성경 말씀과 세상에 나타난 일을 보고 신앙이 깨여 준비할 때이니라.

## 10. 위험한 시대가 됨으로 증거

디모데후서 3장 1절에 "네가 이것을 알라. 마지막 때에 위태한 날이 이르리라" 하였다.

옛날 성聖 시인 다윗은 세상을 가리켜 '눈물의 골짜기'라 하였지만, 현대는 험악하기가 악마의 굴이라 하리 만치 공포한 시대가 되었다. 원시시대는 비록 문명치 못하였다 할지라도 단순하고 소박하여 낙천적 생활을 할 수 있었다. 그러나 과학적 시설이 구비되고 인문의 정도가 진보한 현대 생활은 불안과 공포에 싸이게 된다.

보라! 석유등과 전등이 석일昔日(옛적)의 솔광불(송진이 많은 소나무 가지에 붙인 불)보다 밝고, 기차와 자동차 등이 고인古人(옛날 사람)의 도보보다 편리하다 하겠으나 그 반면에 위험이 많다. 조선에서도 기차, 자동차에 치어 죽는 사람이 해마다 더하여 벌써 매년 수천에 달하거니와 미국 같은 자동차 국에는 매년 역사자轢死者(깔려 죽은 자)와 각 공장에서 기계에 상하여 사망하는 자가 3만여 명에 달하고 불구자 되는 사람도 불소不少하다(적지 않다).

이외에 날로 발명되는 전기와 해마다 확장되는 군비는 모두 살인기殺人器(살인무기)이니 그 위험은 언어에 한결같거늘, 최근에 발견을 전하는 살인광선은 뉴욕 같은 대도시라도 2분간에 전멸할 수 있는 폭력을 가지고 있다 하니, 현대는 분화산 상에 앉은 것보다 더욱 위험하다. 이 위에 의학은 발달되었다 하지만, 악질의 병균은 날로 늘어간다.

외부의 위험뿐 아니라 내부의 정신적 위험은 더욱 심한 바 있다. 왈曰(이른 바) 공산주의, 왈 허무주의, 왈 사회주의 등 험악한 주의는 인심을 악화하여 마지아니하고 왈 프로, 왈 그로, 왈 테로, 왈 에로 등 악惡사상은 청년의 정신에 독이 되어 마지아니하나니 부자, 형제의 의가 무너지고 부부장유夫婦長幼의 별別(분별)이 깨어져 예수의 이른 바와 같이 말세의 사람의 사랑이 식어 버렸으니, 물질적 위험과 정신적 공포 위에서 난무하고 있는 현대를 보고서 누가 말세가 가까움을 생각하지 않으리오.

## 11. 사술이 유행함으로 증거

성경에 말씀하시기를 "이후에 믿음을 배반하는 사람이 있어 미혹하게 하는 신과 사술의 가르침을 좇으리라"[딤전 4:1] 하시었다.

현금 동서를 물론하고 사교와 마술이 유행하여 많은 사람을 유혹한다. 조선에는 죽은 조상을 만나보는 도술을 한다 하여 여러 사람을 미혹케 하는 일이 있으며, 구미에서도 죽은 사람의 영혼을 볼 수 있는 술법이 있다 하여 다수한 인민이 미혹되며, 기타 별별 기괴한 유언비어를 지어 인심을 무혹誣惑하는(거짓으로 꾸며 속이는) 자들이 많다. 인도의 신비가들은 공묘功妙한 방법으로 사람을 유혹케 하나니, 예를 들면 2~30명이 상을 둘러앉아 상 위에 손을 얹고 주문을 외우면 그 상이 공중에 떠오른다 하며 그다음 그 사람들의 손을 그 상에서 떼일지라도 상은 여전히 공중에 떠 있다 하여 이 현상을 사진하여 가지고 온 세상에 돌려 허다한 사람을 속인다.

교회 내에도 사술이 유행하나니, 곧 강신술降神術(기도나 주문으로 사람의 몸에 신을 내리게 하는 술법)이다. 이 강신술이란 것은 생자와 망령 간에 실제 교통이 있다는 신념에 기초한 것인데, 이 강신술에 유명한 자는 서전인(스웨덴인) 스베덴보리Emanuel Swedenborg(1688~1772)이다. 그의 모든 저서는 신령들이 전달한 것이라 하며, 미국인 안드류, 잭슨, 데이비스[1826]의 모든 선전은 신령들이 교통한 증거라 하였다.

미국 뉴욕주 웨인성 하이드스빌에 있는 좌띠 팍스라는 가정에 마가렛과 케이트라 하는 두 여자가 있었는데, 일정한 박자를 침으로 망령이 보인다고 하였다. 이 가정이 로체스트 지방에 이거移居한 후에도 이 사술을 계속하였으므로, 세상에서 이것을 '로체스트 타박打拍(두드림)'이라고 별명을 주었다.

이보다 더욱 황당스러운 시위적 행동은 스트라포드 지방에 확포擴布된(널리 퍼진) 탁자운동이다. 이것은 손을 대지 않고 탁자가 자연히 요동하며 악기의 음향이 들리고 여러 가지 물상物像(사물)이 공중에 떠오르고 영위기중圍圍氣中에(둘러싸인 가운데) 물체가 나타나고 신령이 글자를 쓰고 신령이 체현한다는 것이었다.

여사如斯한(이러이러한) 강신술의 중개자가 모리謀利의(도덕과 의리는 생각지 않고 부정한 이익만 꾀하는) 직업이 되며 사기수단을 사용하다가 누누이 궤계詭計(간사한 꾀)가 폭로되었다. 그러나 호기심에 끌리는 민중이 불소不少하여(적지 않아) 이 운동이 시작된 지 불과 7년 만에 벌써 미국에는 근 2백만의 사교도가 있게 되고 여기에 대한 선전 잡지가 12종이 있다.

헤이던 부인은 1852년에 영국에 이 강신술을 소개하였고, 굴덴노루베 남작은 1856년에 강신술 서류를 독일에 선전하였고 12년간에 20여 개국 방언으로 발표하였으나, 기실은 무가치한 것들이었다. 또한 강신술이 신시대 인물들의 마음을 끌게 한 것은 홉, 모세스, 파이퍼 부인 등의 출현과 유명한 과학자까지도 그 연구에 착수한 까닭이었다. 홉은 소격란인蘇格蘭人(스코틀랜드인)으로 미국에 있는 자기 고모 집에 수년 두류逗留(체류)하는 중 가구의 운동으로 시작하여, 그것을 본국에 선전하고 이태리, 노서아, 불란서 등지까지 여행하면서 전파하였으나, 그의 불미한 행동으로 말미암아 신용을 잃어버렸다.

모세스[1840~1892]는 옥스포드 대학에서 수학하여 학위까지 얻은 자로 강신술을 망신妄信하여(그릇된 것을 믿어) 오래전에 죽은 망령의 자동 사서寫書(글을 배껴씀)도 한다고 칭하였고, 파이퍼 부인도 1885년에 강사술降邪術 중개자가 되었는데 얼마 후에 심리학 연구회에 불려 다니었다.

이러한 허황한 단체의 조직된 수도 그 통계가 가경可驚할 만하다(놀랄 만하다). 불과 5~60년 사이에 2학년 제도의 학교 경영이 22회요, 437 지방회 및 216의 불규칙회, 32의 천막집회, 120의 예배당[그 가격이 2백만 원], 7만 5천의 신도, 근 2백만 명의 참례자, 370인의 목사, 1500의 공公 중개자가 있다고 보고하였다. 조선에도 이용도, 백남주, 이호빈 등이 스베덴보리의 설을 따라 원산, 철산 등지에서 망녀妄女(망령된 여자)의 망언으로 입류入流하느니(영적인 흐름에 들어섰느니) 새 주가 왔느니 하여 많은 교인을 미혹하고 있다. 이와 같이 교회에 사술이 유행하여 신자를 유혹하게 함은 말세의 징조이다.

## 12. 재물을 쌓음으로 증거

야고보서 5장 1절에서 3절을 보면 "부한 자들아 너희에게 임할 고난을 인하여 슬피 울고 통곡하라. 너희의 재물은 썩었고, 너희들의 옷은 좀 먹었으며, 너희의 금과 은은 녹이 쓸었으니, 이 녹은 너희를 치는 증거가 되어 불같이 너희의 살을 먹으리라. 너희가 말세에 재물을 쌓았도다" 하시었다. 조선 속담에 '천 냥 부자는 하늘이 안다' 하였으니 천 냥을 가진 자를 부자로 인정한 말이다. 이로 보면 옛날 부자의 정도를 알 수 있다. 더구나 수천 년 전 한 소국小國 유태야말로 빈약한 나라에 불과하였다.

그런데 불란서 정치 혁명 후에 세계적 산업혁명이 일어나고 기계공업이 진보되어 자본제도가 발달한 현세의 부자의 재물 집적集積은 석일昔日(예전)에 비할 바 아니다. 미국인 헨리 포드, 록펠러[본래 유태인], 킹잉골스빼바, 위코, 지삐조, 영국인 웨스트민스터, 사바루후, 조지 디매커, 인도인 게리왈르, 독일인 휴고스치네스, 유태인 알포레드 몬디, 로스 차일드 같은 사람들은 각각 수억만 원씩 가진 세계적 대부호들이다.

1924년 미국인 록펠러의 재산을 조사한 결과를 보면

1년 소득세만 1,300만 원에 달하고, 자동차 대왕 헨리 포드의 재산은 1927년 조사에 의하면 1일 순이익만 67만 원이요, 1년 소득세가 1,750만 원이며, 총 재산이 44억 3천만 원인데, 세계 17억 인구에게 분배한다면 매 1인당 2원 60전에 해당한다고 한다.

이는 '말세에 재산을 쌓아 두었도다' 한 야고보의 예언에 응함이다.

## 13. 복음이 천하에 선전됨으로 증거

마태복음 24장 14절에 말씀하시기를 "천국복음을 온 세상에 전하여 모든 백성들에게 증거한 후에 말세가 이르리라" 하였다.

예수께서 이 말씀을 하실 때 예수의 제자들은 무명한 어부들이었고, 유태국의 면적은 겨우 장長(길이)이 430리(약 170 킬로미터), 광廣(너비)이 180리(약 70킬로미터)에 불과한 소국이었다. 이와 같이 무명한 뱃사람을 데리고 한 작은 나라에서 전한 복음이 오늘은 전 세계에 전파되어 6억만 신자의 종교가 되었으니, 전 인류의 3분 1 이상에 달하였다. 또한 18세기에는 로마 선교사가 겨우 26인에 불과하고 성경 번역이 겨우 50개의 방언에 불과하더니, 지금은 각 파 선교사가 2만 9천 인에 달하고 성경 번역에 900여 방언에 달하여 예수의 복음을 한 번도 듣지 못한 사람은 희소할 것이다. 예수교가 전래된 지 150년에 불과한 조선에는 '예수'의 이름을 듣지 못한 사람은 없을 것이다.

교회가 식어진 금일에도 오히려 복음 전파의 세력은 날로 왕성하여 간다. 세계 대전란 후에 수년간 복음책 방매放賣(판매)의 가격은 5억만 불 이상에 달하고 65개국에 교회가 설립되었다. 전 세계 대도회(대도시)로부터 심산유곡深山幽谷(깊은 산속의 으슥한 골짜기)에 이르기까지, 문명인으로 야만인에 이르기까지 주의 복음이 전파된 것을 보면 "복음을 온 세상에 전하여 모든 백성들에게 증거한 후에 말세가 이르리라" 하신 주님의 예언이 성취되었으니, 주 예수의 재림이 불원한 것이다.

## 14. 성신이 강림함으로 증거

요엘 2장 28절에서 29절을 보면 "이후에 내가 성경을 만민에게 부으리니 너희 자녀들이 장래 일을 말할 것이요, 너희 늙은 자는 꿈을 꾸고 젊은이는 이상함을 볼 것이요, 또 그때에 내가 성신을 남종과 여종에게 부어주리라" 하시었다.

오순절에 성신 강림함으로 이 예언이 성취되기 시작하여 여러 시대를 통하여 역사하시어 왔고, 근세에 이르러 1906년에 영국 윌스 지방 교회에서 일어난 성신의 역사는 전 세계에 파급하였나니, 1904년에 한 광부를 통하여 일어난 성신의 역사는 1년간 웨일즈 지방에서 10여만 명이 회개하고 주께 돌아왔으니, 1일 3천 명이 회개하던 베드로 때에도 1년에 한 지방에서 10만 명이 회개한 기록이 없었다. 이 운동은 인도에 파급되고 다시 조선에 파급되어 기독교 사상에 특필할 1907년 조선교회의 부흥이 일어나고, 조선으로부터 다시 중국교회와 전 세계 교회에 성신의 역사가 크게 파급되었다. 이는 기독사상에 대 사건인 동시에 말세에 성신 부어주겠다는 요엘의 예언한 때가 오순절부터 더욱 가까운 증거라 하겠다.

『신앙생활』1935년 제4권 제10호

## 15. 유태인이 환국함으로 증거

이사야 60장을 보면 말세에는 유태 민족이 다 본국으로 돌아오리라 하였다.

유태 민족이 하나님 앞에 죄를 범함으로 주전 605년부터 바벨론에 사로잡혀 가기 시작하여 주전 538년에 예루살렘이 멸망을 받은 후 70년 만에 다시 돌아왔으나, 그 후 400년을 지나 다시 로마국에게 멸함을 당하여 이스라엘 12지파 중에 11지파는 다 혼혈종이 되고 그중에 남아 있는 것은 다만 유다 지파 만이었으나 자기의 강토를 다 잃어버리고 각국에 유랑하는 민족이 되었으며 유태국은 토이기土耳其(터키)의 영토가 되고 말았었다.

어떤 민족이든지 자기네 나라가 망하고 다른 나라의 영토가 되어 100여 년을 경과하면 정복자에게 동화가 되어 자기 국가의 관념을 잃기 쉬운 일이다. 그런고로 망한 지 300년이나 된 체코국 민족이 유럽 전쟁 시에 연합군에 참가하여 승전한 후에 자기 나라를 독립한 것은 드문 일이라 하여 세계 정치가의 시선을 끌게 하였지마는, 이제 망한 지 수천 년이나 지나 각지에 산재한 유태 민족이 봉기하여 건국 운동을 주창하는 것은 결코 우연한 일이 아니다.

1890년에 유태인 헷센은 자기의 강토를 다시 찾고 유태 민족들이 고국으로 돌아가서 국가를 건설하고 자기 생활을 하고자 하여 순회를 조직하고 독일 황제 카이저에게 후원을 청구하였더니, 그 황제가 기쁘게 허락하고 즉시 토이기(터키) 정부에게 통첩하여 유태 민족의 강토 팔레스타인을 유태 민족에게 환부還付(돌려줌)하라고 하였으나 토이기 정부는 불응하였다. 이 일을 영국 빅토리아 여왕이 듣고 헷센을 불러 "영국 영토인 아프리카 광대한 지방을 유태 민족에게 줄 터이니, 그곳에서 독립국을 건설한 후에 하나님의 성전을 건축함이 어떠하냐"고 말하였으나, 헷센은 사양하여 말하기를 "우리 민족은 하나님께서 우리에게 허락하여 주신 유태국[팔레스타인]을 어느 때든지 다시 찾아서 독립국을 건설하고 하나님의 성전을 건축하여 자유의 생활을 하겠다"고 하였다. 이 말을 들은 빅토리아 여왕은 유태 민족은 참 하나님께서 택하신 이상異常한 민족이라고 하였다고 한다.

옛날 파사波斯(페르시아) 왕 고레스가 유태인이 바벨론으로 잡혀간 지 70년 후에 예루살렘으로 돌아가기를 조서한 것과 같이, 영국 정부에서 1917년 11월 2일에 유태인의 고국 팔레스타인을 유태인의 손으로 건설하기를 결정하였으니, 이를 밸푸어 선언이라고 한다. 그 후 1920년 4월 24일에 국제연맹회가 산레모에서 개최되고 팔레스타인을 영국에 보호국으로 맡겼으며, 동년 5월에 영국 정부는 유태인 중에서 사무엘이라는 사람으로 팔레스타인 총독을 삼았고, 동 6월 30일에 총독 사무엘이 예루살렘에 총독부를 건축하였으며, 동 7월 4일에 총독 사무엘은 시온회[순회] 임원들에게 유태인은 관민을 물론하고 안식일에 사업을 중지하고 안식하기로 결정하였으며, 그 후부터 지금까지 각국에 산재하였던 유태 민족들은 자기의 고국을 향하여 구름같이 모여들고 있는 현상을 보면 이사야 60장에 예언하신 말씀이 응함을 가히 알 것이다.

## 16. 유태에 운수가 돌아옴으로 증거

이사야 41장 18~20절을 보면 "자산 猪山(나무가 없어 바닥이 붉게 드러난 산)에는 강 근원을 열고 골짜기 가운데서는 샘 근원이 나게 하고 사막이 변하여 못이 되게 하고 마른 땅이 변하여 샘물 근원이 되게 하며 광야에는 백양목과 조각목과 화석류와 들감람나무가 나게 하고 사막에는 잣나무와 황향목이 나게 하여 사람으로 하여금 보고 알고 헤아려 이것을 여호와의 손으로 행하시고 이스라엘의 거룩하신 자가 지으신 줄을 깨닫게 함이니라" 하시었다.

이제 예루살렘이 함락하던 사실을 생각하여 보자. 이 때에 유태 나라는 토이기의 영토로 있었는데, 연합군 측 영국 대장 앨런비를 예루살렘을 토벌할 총사령관으로 삼으셨다. 이 앨런비 대장은 원래 장로회 장로로 신앙이 진실한 사람이었다. 예루살렘 함락의 명령을 받은 앨런비는 생각하되, '예루살렘은 하나님의 거룩한 성전이 있었고 예수 그리스도의 성지라. 어찌 감히 병기를 사용하여 적군과 싸워 피를 흘려 거룩한 땅을 더럽히리오' 하고 3일간이나 금식하고 하나님께 기도하여 그 대책을 빌었다.

그 이튿날 앨런비 대장은 군사들에게 명하여 총과 칼을 거꾸로 메고 손에 각각 삽 하나씩만 들고 예루살렘 성을 향하여 전진하라 하였다. 모든 군사와 장졸들은 앨런비 대장을 비방하여 이르되, "우리의 대장은 정신에 이상이 생기었다. 총과 칼을 거꾸로 메고 더 강한 적군과 어찌 싸우리오. 우리를 모두 저 적에게 몰사하게 한다" 하여 원망이 자자하였다 한다. 그러나 대장의 명령이라 모든 군사들은 병기를 거꾸로 메고 손에 삽을 들고 예루살렘 성을 향하여 고함을 지르며 돌진하였다. 예루살렘 성을 굳게 지키고 있던 토이기 군사들은 대경실색大驚失色하여(몹시 놀라 얼굴빛이 하얗게 질려) 대포와 총을 연발하여 대적하였다. 그러나 이상한 것은 토이기 군인들의 생각에는 연합군이 10리나 20리 밖에서 고함을 치는 것 같이 들렸다. 그리하여 그들은 10리나 20리를 향하여 발포하였다. 많은 대포와 총 소리는 천지를 진동하고 포연진애砲煙塵埃(대포 연기와 먼지)는 구름같이 일어나 지척을 분별키 어렵게 되었다. 예루살렘 성 내에 있는 토이기 군사의 탄환이 다하였을 때에 앨런비 대장의 군사들은 더욱 고함을 발하며 입성하니, 적군은 크게 놀라 도망하였다.

예루살렘 성을 점령한 앨런비 군사들은 크게 기뻐하여 자기네의 군인을 조사하니 한 사람도 전사자가 없을 뿐 아니라 부상을 당한 자까지도 없었다 한다. 앨런비 대장은 군사들과 같이 찬송가 제224장을 부르며 입성식을 거행하였다 한다.

그뿐만 아니라 옛날 히스기야 왕 때에 북방 아시리아

국 대장 산헤립이 군사 18만 5천 명을 인솔하고 예루살렘을 3년 동안 둘러싸고 위협할 때에 히스기야 왕은 예루살렘으로 흘러내리는 큰 샘물을 막아 감람산 밑을 뚫고 다른 곳으로 돌려놓아서 산헤립은 실패하고 돌아갔다는 것을 알고, 앨런비 대장은 군사를 명하여 그 가졌던 삽으로 그 곳을 파서 1천만 명이나 마시기에 족한 음료수를 다시 흘러내리게 하였다 한다[1917년 12월 9일].

이와 같이 지금 예루살렘은 맑은 시냇물과 아름다운 산과 번화한 도회를 이뤄 낙토가 되었으며 또 일찍이 하나님께서 부고富庫(넉넉한 곳간)를 예비하여 두셨던 저 사해에는 [장 150리, 광 30리] 5종의 실물이 있는 것을 근년에 와서 발견하였으니 다음과 같음.

| 명칭 | 돈수(톤수) | 용도 |
|------|-----------|------|
| 1. 가성가리苛性加里 (수산화칼륨) | 13억만 돈 | 비료, 화약, 소독제, 표백, 혁피 제조, 염료 |
| 2. 취소臭素(브롬) | 8억 5천 3백만 돈 | 약재료, 휘발유, 사진 제조, 독와사毒瓦斯(독가스) 제조 |
| 3. 석고 | 8100만 돈 | 농작용, 백회白灰(흰 숯), 제지 |
| 4. 식염 | 115억만 돈 | 직조물, 혁피, 석감石鹼(비누) 제조 |
| 5. 마그네슘 | 220억만 돈 | 사진약, 비행기 제조 |

이 물질의 가격으로 말하면 총액 2조 4천억만 원이라는 놀라운 숫자를 셈하게 되었으니, 세계의 총 재산보다도 오히려 많다 한다. 이와 같이 좋은 부고富庫를 유태인에게 허락하시고 풍부한 지방을 유태인에게 주심이 결코 우연한 일이 아니요, 옛날 선지자의 예언하심을 응하게 하심이다.

## 17. 열 뿔이 나타남으로 증거

"열 뿔은 이 나라에서 일어날 열 왕이요 후에 또 다른 왕 하나가 일어나리니, 저는 먼저 있는 자와 다르고 또 새 왕을 복종시킬 것이오"[단 7:24].

그리스도의 그림자와 모세가 나타남과 같이 열 나라 권세를 잡은 적그리스도의 그림자로 헬라 발음으로 열자╬ 이름을 가진 임금이 주전 171년에 헬라국에서 일어나서 적그리스도의 행동을 하였으니 이는 곧 '안티오쿠스 에피파네스'니라.

"하늘에서 또 다른 이적이 보이니 한 큰 붉은 용이 있어 머리가 일곱이요 뿔이 열이라. 그 여러 머리에 일곱 면류관을 썼는데"[묵 12:3], "저가 바다 모래에 섰더라"[묵 12:17], "내가 보니 바다에서 한 짐승이 나오는데 뿔이 열이요, 머리가 일곱이라. 그 뿔에 면류관을 쓰고 그 여러 머리에 참람된 이름이 있는지라"[묵 13:1]. 또 "내가 성신의 감동함을 입어 천사에게 끌려 광야에 가서 보니, 한 계집이 붉은 빛 짐승을 탔는데 그 짐승은 온몸에 참람된 이름이 있고 머리 일곱과 뿔 열이 있으며"[묵 17:3], "너 보는 열 뿔은 열 왕이니, 아직 나라를 어찌(얻지) 못하였으나, 다만 짐승으로 더불어 임금의 권세를 일시 동안 받으리라"[묵 17:12].

이 여러 곳에 성경을 보면 열 뿔을 많이 가리켰으니. 이는 말세에 반드시 열 나라가 일어나서 온 세상을 주장할 뜻을 가리킴이다. 1920년 4월 24일에 열 나라 대표들이 모여서 국제연맹회를 개최하고 유태국을 영국의 보호국으로 승인하였으니, 이는 열 뿔에 그림자가 될 것이다.

## 18. 유태에 제사법이 회복됨으로 증거

"저가 장차 여러 사람으로 더불어 한 주일 동안 견고한 언약을 정하고 7일의 반이 이르면 제사와 예물을 그치게 하고, 또한 반드시 멸망시키는 자가 그 미운 날개를 의지하여 올 것이요, 또 이미 명하신 곳까지 진노가 멸망할 자에게 쫓아지리라"[단 9:27].

이 말씀을 보면 7년 대환난시대에는 유태인이 양을 잡아서 하나님께 제사 드리는 일이 다시 생길 것이다. 제사를 드리는 법이 없으면 어찌 제사를 폐한다 하였으리오.

72

구주대전 시 모某 선교사가 말하기를 "적그리스도가 권세를 잡고 주장할 때에는 주의 이름으로 기도하는 것을 금하리라"고 하나, 나는 그렇지 않다고 말하였다. "기도는 사람이 알지 못하게 은밀한 중에서 할 수도 있는 것이니 금할 수 없다. 성경에 예물까지 폐한다 하였으니, 7년 대환난시대에는 유태인들이 하나님께 예물을 드리며 양을 잡아 제사 드리다가 적그리스도에게 금지를 당한 것이라"고 답하였다. 예수께서 십자가에 달려서 속죄제사를 드린 후부터는 유태인이 양을 잡아 제사 드리는 법이 불공자폐不攻自廢로(치지 않아도 저절로 폐하여) 없어진 것인데, 과연 1920년 유태인 사무엘 씨가 팔레스타인 총독이 된 후에 예루살렘에 제사장 공부하는 신학교를 건설하고 양을 잡아 하나님께 제사를 드렸으니, 나의 예언은 맞은 것이다. 1,800여 년이나 폐하였던 제사법이 부활한 것을 보면, 성경 예언과 같이 말세가 돌아온 것을 알 것이다.

## 19. 교회가 나태함으로 증거

"그때에 천국은 열 처녀가 등불을 들고 신랑을 맞으러 나감과 같으니, 그 중에 다섯은 미련하고 다섯은 슬기 있는 자라. 미련한 자는 등불을 가지되 기름을 가지지 아니하고 슬기 있는 자는 그릇에 기름을 예비하고 등불을 가졌더니,

신랑이 더디 오거늘 다 졸며 잘새"[마 25:1~5].

이 말씀은 끝날 주께서 강림하실 때에 말세 교회 형편을 말씀하신 것이다. 슬기 있는 자는 기름을 예비하였으나 밤은 깊고 신랑은 늦게 오는 고로 졸림을 이기지 못하여 졸기는 하였지마는 정신을 차려 주의를 하고 있었고, 미련한 자들은 기름도 예비치 못하고 마음 놓고 깊이 잠들었던 것이다. 이는 말세 교회 중에 진실히 믿어 기름과 같은 성신을 받고 주의 재림을 고대하는 교인이라도 말세에 여러 가지 이異사상의 타격을 받아 신앙이 곤피困疲(피곤)해져서 졸고 있는 것이요, 또 신앙이 박약하여 성신에 은혜를 받지 못하고 주의 강림을 생각지 아니하는 교인들은 세상 정욕에 취하여 깊이 잠들 것을 말씀하신 것이다. 현금(현재) 우리 교회들을 돌아보면 어느 나라 어떤 지방을 물론하고 진실히 믿는다는 형제자매들도 기도의 열심이 식어지고, 성경 보는 열熱도 없어지고, 전도에도 열심이 없어졌으니 이 어찌 졸고 있는 것이 아니며, 연약한 교인들은 죄를 범하면서도 죄 되는 줄을 모르고 하나님의 형벌을 두려워하는 마음까지도 없어졌으니 이 어찌 깊이 잠자는 교인들이 아니리오? 깨어 있는 다섯 처녀와 같이 성신과 함께 하는 신자가 있는 반면에 졸고 있는 미련한 다섯 처녀와 같이 현금 교회의 다부분多部分이 조는 형편이니 신랑 된 주께서 강림하실 때가 박도迫到(임박)한 것이 아니뇨.

## 20. 붉은 용이 나타남으로 증거

"한 하늘에서 또 다른 이적이 보이니 한 큰 붉은 용이 있어 머리가 일곱이요 뿔이 열이라. 그 여러 머리의 일곱 면류관을 썼는데"[묵 12:3].

이 성경말씀은 7년 대환난시대에 사탄의 활동할 것을 가리킨 것이다. 그 사탄은 그리스도와 비슷하여 붉은 빛으로 나타날 것을 말씀하신 것이다. 7년 환난 끝에는 그리스도께서 붉은 빛 옷을 입고 세상에 나타나실 것이다. 다시 말하면 피 묻은 옷을 입으시고 오실 것이다. 그것은 이 세상을 피로 심판할 것을 의미함이다[사 63:1~3, 묵 19:13]. 사단도 그리스도와 같이 붉은 빛으로 나타나서 7년 동안에 성도들과 모든 백성들의 피를 흘릴 것이다.

물체가 있으면 그림자가 있는 것이요, 사람이 가면 그림자가 앞서는 것이다. 현세의 어느 나라를 물론하고 적색주의의 붉은 기가 나타나 있는 것을 보면, 이 어찌 심상한 일이라고 할 것이냐. 그런고로 우리는 말세가 가까워 있는 것을 알아 예비할 것이다.

『신앙생활』 1935년 제4권 제11호

**편집자 설명**

1935년 11월 26일 길선주 목사는 평안남도에서 부흥회를 인도하는 도중 쓰러져 하나님의 부르심을 받았다. 길선주 목사의 갑작스러운 죽음은 『신앙생활』에 연재되던 그의 글 '말세학'에도 영향을 주었다. 신앙생활 12월호에 연재된 '말세학'은 이미 준비되어 있던 원고에 기초한 것으로 보인다. 다만 총 11페이지 분량의 내용 중 앞의 4페이지는 우리가 사용하고 있는 잡지 원문 자체가 누락되어 현재 그 내용을 찾을 수 없다. 이 누락된 부분의 내용을 1968년 길진경에 의해 정리된 '말세학'과 비교해 보면 "(21) 전쟁으로 증거, (22) 사색 말이 나타남으로 증거, (23) 장갑 자동차로 증거" 임을 유추할 수 있다. 비록 원본에는 누락되어 있지만, 독자들의 작품 이해를 위해 이 부분을 길진경이 편집한 내용에서 되살려내어 실었음을 밝힌다.

이듬해인 1936년, 『신앙생활』 1월호는 길선주의 "예수 재림의 6 대외증"을 14~19페이지에 걸쳐 싣기로 했지만, 실제로는 실리지 않았다. 대신 2월호 같은 페이지에 동일한 제목으로 연재를 재개했다. 또한 기고자 이름도 길선주 목사에서 '길선주 목사 유고'로 바뀌었음을 볼 수 있다.


## 21. 전쟁으로 증거

백성이 일어나 백성을 치고 나라가 일어나 나라를 치고[마 24:7], 세상 사람들은 누구나 다 전쟁을 싫어하고 평화를 요구한다. 나라와 나라 사이에 평화를 주장하고 민족과 민족 사이에 평화를 부르짖는다. 전쟁은 죄악이요, 평화는 낙원을 건설하는 유일의 방법이라고 고함을 지른다. 그러나 현세에 있어서 평화는 찾아볼 수 없다. 입으로는 평화를 부르짖으며 손에는 총칼을 쥐었고, 말로는 세계 평화를 부르짖으며 뒤에는 대포를 가지고 있으며, 세계 평화 조약을 맺어 놓고 뒤로는 군비를 확장하고 있지 아니한가!

세계 모든 인류는 평화를 바란다. 또 평화를 구한다. 20억이나 되는 사람의 입으로는 평화를 부르짖는다. 그러나 그 반면에는 전쟁을 준비하기에 급급하다. 1914년 8월 4일 세계대전은 세인世人이 잘 아는 것인 만큼 재론할 필요도 없거니와 구주대전歐洲大戰 이후의 세계 대세를 살펴보면 제2 세계대전을 준비하고 있다. 미국 '윌슨' 대통령의 14개조 조약도, 빠리에서 개최된 강화회講和會(파리평화회의)도, 헤이그의 조약도, 와싱턴 회의이니, 런던 조약이니 하는 것도 대포 한 알만 같지 못하며, 국제연맹도 유명무실한 허수아비다. 때는 바야흐로 위험한 때이다. 전쟁이다. 세계는 대전쟁이다. 세계는 대전쟁이 일어날 것이다. 근대의 각국의 정세를 살펴보면 이태리와 에디오피아와의 관계와 영국과 이태리와의 관계 등이 험악해 가는 것이며, 일중日中문제, 일소日蘇의 관계, 기타 여러 나라가 얼마나 복잡한 관계를 가지고 있는가? 사람마다 "전쟁이다, 전쟁이다"라고 부르짖는 크게 위험한 시기이다. 나라마다 공중에서 비행기, 전쟁 연습하는 소란한 소리에 인민이 잠을 잘 수 없는 지경이며, 바다에 해군, 육지에 육군의 사람 죽이는 연습하는 총포 소리는 사람의 머리를 어지럽게 하고 있지 아니한가!

전쟁이다. 무서운 제2의 세계대전이 준비되고 있다. 같은 민족과 민족 사이에도 주의와 사상이 서로 다르면 서로 피를 흘려 가면서 싸우고 죽인다. 세계 각국의 재산의 7, 8할은 사람을 죽이는 군비품제조비軍需品製造費로 소비된다고 하는 것은 놀라지 아니할 수 없는 일이다.

이와 같이 민족과 민족이 서로 죽이고 나라와 나라가 서로 총과 칼을 겨누는 것은 결코 우연한 일이 아니다. 그들이 이 전쟁을 아니하려고 하여도 아니할 수 없고 저들이 총과 칼을 아니 쓰려고 하여도 아니 쓸 수 없게 되는 것이니, 이 모든 것이 하나님의 경륜이요, 예수의 예언을 응하게 하려고 하심임을 알아야 하겠다.

어떤 이들은 이는 대세를 이용하는 종교가의 상용常用하는(늘 사용하는) 말이라고 할 것이다. 그러나 사유종시事有終始(모든 일에는 처음과 끝이 있다)하고 물류본말物有本末(만물에는 근본과 끝, 즉 질서가 있다)이라는 말과 같이 천하만사가 시작이 있으면 끝이 있는 법이요, 우주의 만물은 그 수명이 있는 법이요, 결코 영원 무궁히 존재하는 것이 하나도 없는 것은 세상 과학자들도 부인하지 못하는 것이다. 억천만 년이나 갈 듯한 산악山岳과 금속이며, 암석들도 때와 날이 지남을 따라 바람에 갈리우고 비에 부스러지며風磨雨碎 수천만 년이나 갈 듯한 영웅과 위인들의 기세도 한갓 분토墳土로 되고 마는 것은 세상 역사가 증명하지 않는가! 한 나라의 세력도, 한 개인의 영화도 반드시 그 끝이 있는 것이다. 세상 사람들은 제아무리 지혜가 있고 지식이 있다 하여도 이 말세가 올 시기는 알지 못한다. 그러나 나뭇잎이 떨어지고 서늘한 바람이 나뭇가지에 불면 가을이 올 줄을 알아야 할 것이다.

아, 신도들이여, 세인들이여, 아직도 그대들의 죄악을 회개하지 아니하고 암흑 속에서 헤매고 있겠는가? 아직도 우리 주 예수를 믿지 아니하고 반대하며, 그대들의 죄를 자복하지 아니하겠는가? 지금은 말세다. 말세가 이르렀음을 왜 알지 못하는가? 2천여 년 전에 주께서 말씀하시기를 말세가 오면 큰 전쟁이 있으리라 하신 그 말씀을!

## 22. 사색四色 말馬이 나타남으로 증거

"내가 보니 흰 말이 있는지라. 탄 자가 활을 가지고 면류관을 받고 나가서 이기고 또 이기리라. 둘째 인을 떼실 때에 내가 들으니, 둘째 영물이 가로되 오라 하는지라. 또 다른 말이 나오니 붉은 말이라, 그 탄 자에게 권세를 주어 땅에 화평한 것을 빼앗아 사람들로써 서로 죽이게 하고 저에게는 큰 칼을 주었다. 셋째 인을 떼실 때에 내가 들으니, 셋째 영물이 가로되 오라 하기로 내가 보니 검은 말이 있는지라. 탄 자의 손에 저울을 잡았더라. 내가 들으니, 네 영물 가운데 음성 같은 것이 있어 가로되 한 냥에 밀 한 되를 얻고 한 냥에 보리 석 되를 얻으리니, 기름과 포도즙은 가지지 말라 하더라. 넷째 인을 떼실 때에 내가 들으니, 넷째 영물 소리하여 가로되 오라 하시기로 내가 보니 청황색 말이 있는데, 그 탄 자의 이름은 사망인데 음부가 그 뒤를 따르는지라. 또 사분의 일을 다스리는 권세를 저에게 주어 검과 흉년과 사망과 땅에 있는 짐승으로써 죽이게 하더라"[계 6:2~8].

이는 칠 년 대환난시대에 될 일이다.

첫째 흰 말을 탄 자는 적그리스도요, 둘째 붉은 말을 탄 자는 전쟁을 주관할 천사요, 셋째 검은 말을 탄 자는 흉년을 주장할 천사요, 넷째 청황색 말을 탄 자는 무서운 영을 주장할 천사이다.

이제 저 러시아를 생각하여 보면, 유태 민족 2천만 명이 전 세계에 산재散在한 가운데 거의 반수가 적로赤露(소련)에 거주하고 있다. 그러므로 말세시대에는 소련과 큰 관계가 있을 것이므로, 그 나라에서 되는 일을 심상히 볼 수 없다. 보건대 흰 말의 그림자로써 백화혁명白化革命(러시아 2월혁명)이 일어났고, 적마赤馬의 그림자로써 적화赤化운동(러시아 10 월혁명)이 일어났고, 흑마黑馬의 그림자로써 무정부주의의 검은 깃발이 날리고, 청황색 말의 그림자로써 반 공산당 청황색 깃발을 들고 날뛰고 있다. 이것이 칠 년 대환난시대에 네 가지 빛의 말이 나타날 그림자이다. 대환난은 주께서 신랑으로 재림하신 뒤에 될 일인데, 환난시대에 될 그림자가 이미 나타났으니, 주께서 강림하실 날이 임박함을 알아야 할 것이다.

## 23. 장갑 자동차로 증거

"저희가 산꼭대기에서 뛰는 것이 마치 병거의 소리 같고 불꽃이 초개를 불사르는 소리와 같으며 강한 군사가 전장에 선 것 같은지라. 그 앞에서는 만민이 떨며 무리가 낯빛을 변하도다. 저희가 용사같이 성을 붙들고 오르며 각기 자기의 길로 달리며 그 항오行伍를 어기지 아니하며 피차에 부딪히지 아니하며 각기 자기의 길로 다니고 비록 병기를 충돌하나 상하지 아니하는지라. 성중에 뛰어 들어가며 성곽 위에서 달리고 집을 붙들고 오르며 도적같이 창문으로 들어가는도다. 그 앞에서 땅이 진동하며 하늘이 떨고 일월이 캄캄하고 별들이 빛을 내지 못하리라. 여호와께서 그 군대 앞에서 소리를 내시매 그 영靈이 심히 크고 그 명령을 행하는 자가 강하니, 대개 여호와의 날이 크고 심히 두려운지라. 누가 능히 당하리요"[욜 2:5~11].

이 성경 말씀은 요엘 선지자가 주전 800년에 예언한 것인데, 자기가 예언을 하면서도 이 같은 어떤 귀신이 나타날는지 무슨 물질이 나타날는지 알지 못하였을 것이다.

그러나 이제 보건대 저 유럽 전쟁 때에 큰 위력을 나타낸 마물魔物 장갑차를 보면 영국서 독일을 격파하기 위하여 한 개의 자동차를 제조하여 유럽대전에 사용했는데, 그 이름을 강철 마왕이라고 하리만큼 무서운 무기이었다. 이 기계는 얼마나 무서운 것인지 그 내부에는 대포와 기관총을 장치하였고, 그 차 전체를 강철로 만들어 탄환을 맞아도 상하지 않고, 또 이것이 달릴 때에는 산이나 들에나 높은 데나 낮은 데나 물론하고 자유로 갈 뿐 아니라 그 달리는 도중에 장애물이 있다 하여도 이 모든 것을 파괴하고 갈 수 있는 것이다. 가령 큰 나무도 넘어뜨릴 수도 있고, 2, 3층 벽돌 건물이라도 뚫고 나갈 수 있는 것이다. 또 내부에서 대포와 기관총을 발사할 때에는 참으로 하늘이 떨리고 땅이 진동하며 탄연彈煙(포탄의 연기)에 일월이 캄캄하여지고, 그 물건이 이르는 곳에는 다수多數한 생명이 상하고 물건이 파괴된다. 이리하여 이 무서운 물건 앞에서는 만민이 떨며 낯빛을 변하게 된다. 이것이 '요엘' 선지자의 예언과 같이 무서운 마귀의 기계가 아닌가? 말세가 이르렀으니 깨어 기도할지라.

선지자의 예언한 흉기는 아닐지나 제갑 자동차가 말일에 나타날 대흉기의 그림자임에는 틀림없다고 생각한다.

## 24. 흉년과 온역으로 증거

"각처에 흉년과 온역瘟疫(급성 전염병)이 있으며, 또 하늘로써 무서운 징조가 있을 것이요"[눅 21:11].

흉년: 근대 농업은 크게 진보하였음을 자랑하고 있지만, 각국의 빈민층은 증가됨에 따라 기근민飢饉民(굶주리는 사람)은 세계 도처에 그 수가 늘어가고 있다. 근년 조선에서도 수재水災, 한재旱災(가뭄으로 인한 재앙) 등 천변지재天變地災이 덮치어 유리근근流離僅僅(떠돌아 다니며 겨우 살아감)의 고통에 신음하는 것은 우리가 당한 일이거니와 연부년年復年(해마다) 거듭하는 중국의 대기근도 무서운 변이요, 수년 전 인상식人相食하던(흉년에 너무 배가 고파 사람끼리 서로 잡아먹던) 노서아 대기근은 무서운 말세적 사변이었다. 농업의 발달을 따라 기근이 물러가는 것이 아니라 대흉년 대기근은 더욱 자주 일어난다.

물질적 기근보다 아모스의 이른 바와 같이 20세기는 영적 대기근이 더욱 심각하여 있다. 영적 기근이야말로 말세의 현저한 대징조이다.

온역: 구주대전란 이후 1920년경에 소위 유행성 감기[일명 서반아감기]가 전 세계적으로 치성熾盛하여(불길같이 성하게 일어나) 2천여만 명의 생명이 희생을 당한 전무후무한 사실로 세인은 공포 속에 생활을 하게 되었다. 어떠한 조그마한 나라는 전멸 상태에 달하였다고 한다. 그 후부터 오늘까지 전 세계적으로 이 무서운 병마는 쉬지 않고 유행하고 있으며, 이름도 모를 유행성 열병이 수십 종 있어 인생들은 불안한 생활을 하게 되었으며, 의학이 발달하였음에도 불구하고 병은 멸하여지기보다 병이 더하여간다. 데카당 décadent식 현대인은 거의 신경병 환자이니 육적 온역보다 영적 병세가 더욱 심하여 감은 예수의 예언하신 말세의 대징조이다.

## 25. 거짓 선지자로 증거

"대개 거짓 그리스도와 거짓 선지자들이 일어나서 대징조와 이상한 일을 보여 택한 자에게도 유혹하게 할 수만 있으면 하리니"[마 24:24].

　물질문명이 발달하고 과학이 진보될수록 하나님의 존재를 부인하는 무신론은 가히 들어 논의할 바 없거니와, 소위 현대주의 신학은 예수의 성신 탄생설, 예수의 신격설을 부인하고 성경을 하나님의 말씀이 아니요, 위인들이 기록한 것이라 하며 예수의 부활과 예수의 실제적 재림론을 비방하고 십계명을 전부 지킬 필요가 없다 한다. 이런 위사僞師(거짓 스승)들이 일어나서 택함을 받은 자들까지 유혹케 할 뿐 아니라, 신도라는 가면을 쓰고 전 세계에 층출첩기層出疊起하고(거듭해서 계속 일어나고) 있다. 또 예수의 신격설에 대하여 신학자들 사이에도 괴설이 많으니,

(1) 에벤라이쓰당黨은 예수의 신격을 전연 부인하는 당파니, 하나님께서는 대주재의 신이시며 독일무이獨一無二(유일무이)하시니 어찌 예수께서 신격이 있겠느냐 하는 것이다 [이 당은 주후 100년에서 170년에 사도 요한시대에 유태인 중에서 남].

(2) 또시데당docetism은 예수의 인격을 부인하는 당파니, 만일 예수께서 육신과 인심을 가지셨으면 어찌 범죄치 않으셨으리요. 그런고로 예수께서 이 세상에 계신 것은 사람이 아니요, 특별한 신의 영자影子(그림자)라고 주장하였다[이 당도 에벤라이쓰당과 동시에 이방인 중에서 일어난 자다].

(3) 에비온당은 예수께서는 참 인자요, 신은 아니다. 그러나 예수는 선지자나 천사보다 뛰어나고 하나님께서 창조하신 자라고 하였다[이 당은 주후 325년에 방은사邦恩斯, 즉 니케아교회회의 시에 배척을 당한 이방인 중에서 난 자다].

(4) 아폴리나리우스당도 역시 에비온 당과 비슷하나 예수께서 사람의 육신을 가지고 혼도 사람의 혼을 가지셨으나 그 마음만은 신의 마음을 가지셨다 하여 가로되, 만일 사람의 마음을 가지셨으면 범죄하지 아니치 못하셨겠다고 하였다[이 당은 주후 381년 감사탄정堪斯灘丁, 콘스탄티노플 교회회의 시에 배척을 받고 이방인 중에서 나온 자다].

(5) 네스토리우스당은 예수께서 두 성품이 있는데 하나는 사람의 성품이요, 하나는 신의 성품인데 이 두 성품이 가히 더불어 합할 수 없다 하여 가로되, 예수께서 세상에 계실 시에는 사람과 신이 동행하셨다고 주장하는 자이다[이 당은 주후 431년 에베소 교회회의 때에 배척을 당한 자다].

(6) 유티키스당은 예수께서 두 성격이 없고 하나님도 아니요, 사람도 아닌 별다른 한 위位를 가지신 자라 하였다. 예를 들면 금과 은을 합하면 금도 아니요, 은도 아닌 별다른 물체가 되는 것과 같다 하였다[이 당은 주후 451년에 객서단客西担, 칼케돈 교회회의 시에 배척을 당한 자다].

이상에 말한 바는 옛날에 있어서 이단을 주장하는 당파들이나 현대에 있어서도 세계 각국에 기괴한 학설과 이상한 징조로 신도들을 꾀고 있다.

우리 조선에서도 근대에 신신학파新神學派들이 일어나서

성경에 예수의 이적을 불인하고 신신학설을 주장하여 불신자는 물론이요, 일반 택함을 입은 신도들까지도 미혹케 하는 시대가 돌아옴을 보면 말세가 가까움을 가히 알지니, 신도들은 굳게 서서 흔들리지 말고 적그리스도와 거짓 선지자들에게 꾀임을 받지 말 것이요, 정통 신앙을 굳게 지켜 간수하여 주의 재림 시에 부끄러움이 없게 하기를 바라노라.

## 26. 안식일로 증거

창세기 1장과 2장 3절까지 보면 이 우주 만물은 6일간에 창조되었다고 말하였다. 이 우주가 6일 동안에 창조되었다 함에 대하여는 세상 과학자들과 종교가 간에 일대 문제가 되어있는 것이다. 지질학자의 말에 의하면 이 지구의 연령이 수십만 년이 되었다 하나, 이것이 우리 기독교의 연대와 부합이 되느냐가 문제이다. 참으로 이 우주가 창조된 후로 몇십만 년이 되었는지 알 수 없는 것이다. 이제 창세기 1장으로 보면 넷째 날까지는 지금 시일과는 전혀 다르다. 그 이유를 말하면 넷째 되는 날에 비로소 일월성신日月星辰이 창조되었으므로, 현금 우리 인류 사회에서 정해 놓은 것과 같이 태양이 동에 떠서 서로 지는 것을 1일이라고 한 것을 가지고 창조의 날을 계산하면 크게 오해이다.

하나님께서 일월성신을 창조하시기 전 4일은 몇만 년이나 되었는지 모르는 것이다. 오직 하나님께서 일 기간을 정하사 처음과 나중이 되니, 곧 하루라 하였다. 다시 말하면 성경 말씀대로 "저녁이 되며 아침이 되니 첫째 날 이러라" 함이다.

세상 과학자들은 우리의 성경 연대의 천지창조가 6천 년이라는 것을 비방한다. 그러나 가령 무슨 물건을 발견하였거나 가옥을 건축하였다고 하자. 그러면 그 발견 일자와 낙성 일자를 언제부터 정할 것인가. 발견하기 위하여 연구한 일자부터가 아니고 또 가옥을 설계한 일자부터 건축일로 정하는 것이 아니다. 연구한 일자는 얼마를 소비하였든지 그 발견품이 완성된 이후에야 발견 일자를 산할 것이요, 가옥 건축 일자가 얼마나 걸렸든지 낙성한 이후부터 건축일 자를 정하는 법이다.

이제 우리 종교계에서 창조 연대를 6천 년으로 잡는 것은 하나님께서 천지만물을 다 창조하시고 우리 조상 아담을 지으시기를 마치신 날부터 계산하는 것이다[아담부터 노아까지 천 년간, 노아부터 아브라함까지 천 년, 아브라함부터 모세까지 천 년, 모세부터 예수까지 천 년, 예수부터 지금까지 1,935년 합계 5,935년이니 6천 년 채 65

년이 부족하다]. 창조를 마치신 이후부터 6천 년이니, 그 전에는 기만년幾萬年(몇만 년)인지 알 수 없는 것이다.

우리 조상 아담을 창조하신 이후부터 6천 년이라 함을 신령한 뜻으로 6일이라 할 수 있다. 베드로후서 3장 8절, 시편 90편 4절을 보면 하나님께서는 천 년을 하루같이 본다 하시었으니, 6천 년을 6일로 볼 수 있다. 그렇다고 하면 하나님께서 6일 동안 만물을 창조하시고 제7일 되는 날에는 안식하시었으니 5,935, 즉 6천 년 채 65년이 없는이 6일은 다 지나가게 되었고, 안식일에 주인 되는 예수께서 재림하셔서 하루, 곧 천 년 대왕국을 건설하실 것이다.

## 27. 이방기약이 참으로 증거

"너희가 장차 칼날에 죽으며 모든 나라에 사로 잡혀가고 예루살렘이 이방 사람에게 밟힌 바가 되어 이방사람의 기약이 찰 때까지 이르리라"[눅 21:24].

"모든 재앙이 이러하여도 너희가 내 말을 듣지 아니하고 여전히 나를 거스려 행하면 내가 반드시 진노하여 너희를 거스려 행하여 너희 죄대로 너희를 책벌하기를 7배나 더하되"[레 26:27~28].

이 이방기약이라 함은 2,520년이다. 이 연대를 설명하기 전에 먼저 이방기약이라는 의의意義부터 알아야 하겠다.

이방기약이라 함은 이스라엘[유태]이 그 죄로 말미암아 이방 나라 권세 아래서 치리治理함(다스림)을 받는 동안을 의미함이다. 이제 그 연대를 어떻게 계산하겠는가? 하나님께서 이스라엘 백성이 죄를 범하면 재앙을 내리되, 제1기 재앙을 받고도 회개치 않으면 그 형벌에서 7배를 더하여 원수의 칼날에 죽게 하며 여러 나라에 사로잡혀 가게 하여 이방의 징치懲治(징계하여 다스림)를 받게 하겠다고 하시었다. 그러면 이 1기라는 것이 무엇인가. 유태 나라에서 1기라 함은 1년을 의미함이다. 그리고 그 1년을 360일로 환산한다. 에스겔 4장 6절, 민수기 14장 34절을 보면 1일을 1년으로 계산하였으니, 이로 보건대 360일은 즉 360년이다. 하나님께서 1기 재앙에 회개치 않으면 그 형벌에서 7배를 가하겠다 하시었으니, 360년에 7을 승하면 2,520년이 되는 것이다.

이 2,520년이라 함은 어느 때부터 단위를 잡는가 하면 하나님께서 유태 민족을 멸망시키고 이방에 권세를 세우겠다 함을 미루어 보면 이방기약의 단위는 유태국이 망하기 시작한 그때부터 계산해야 될 것이다. 유태국이 처음 바벨론에 사로잡혀 갈 때를 주전 606년이라 하면 이때부터 이방기약이 시작된 해가 될 것이다. 주전 606년부터 2520년 후면, 즉 1914년이 이방기약이 만기가 되는 것이다. 그러나 주께서 1914년에 재림하셨는가 하면 그렇지 않다. 유태국이 주전 606년에 아주 망한 것이 아니다. 바벨론으로 잡혀가던 그해부터 시작하여 21년 동안을 끌어서 주전 586년에 아주 망하고 만 것이다.

이제 우리가 생각할 것이 하나 있으니, 주전 606년에 유태국이 망하기 시작한 것과 같이 1914년 8월 4일부터 세계대전이 돌발 된 동시에 여러 나라에서 군주정치가 변하여 공화정치가 건설되면서 유태국 권세가 돌아오기 시작하였다. 이 군주정치는 이방나라 권세이다. 어찌하여 그런고 하니, 옛날 이스라엘 백성은 사사 제도 즉 민주주의 정치를 하였으나, 그 후 사무엘시대에 이스라엘 백성들이 이방 나라와 같이 임금을 세워 달라고 하였다[삼상 8:5]. 이를 보면 군주주의는 이방 나라 권세임을 알 수 있다. 따라서 세계대전 이후에 여러 나라에서 군주정치가 폐지됨은 즉 이방의 권세가 없어지는 증거이다.

이 위에 말함과 같이 주후 1914년에 유태국이 멸하기 시작한 연수 21년을 가加하고, 또 주기원 오산誤算된(잘못 계산된) 4년을 가하면 주후 1939년이 곧 이방기약이 만기되는 동시에 유태국이 완전히 자유국이 될 것이다. 그러면 주의 재림은 1939년이 될 것이다. 그러나 이것이 확실하다고는 단언할 수 없다. 어찌한 연고냐 하면 세상 연대가 정확한지 알 수 없는 까닭이다. 그러나 세계 인류의 심리 상태

를 보거나 하나님께서 암시하신 연대를 계산해보면 주 재
림이 불원함을 알 수가 있다.

## 28. 희년禧年으로 증거

"제 칠 년에는 땅을 거룩히 안식하게 하여 여호와 앞에 안
식년을 지켜 밭을 심지 말며 포도원을 다스리지 말고 거둔
후에 스스로 난 것을 거두지 말며 가꾸지 않은 포도를 따
지 말라. 대개 땅이 안식하는 해라. 안식년에 땅의 소산은
너희에게 먹을 것이 되리니, 노비와 네 품군과 및 너와 함
께 거하는 이방 사람이 먹을 것이요, 네 짐승과 및 네 땅에
들짐승들이 다 이 해의 소산을 먹게 하라. 너희는 그 일곱
안식년을 헤일지니, 곧 일곱 번 일곱 해라. 일곱 해를 헤면
모두 49년이라. 그해 7월 10일은 곧 속죄하는 날이니, 너
희는 나팔을 불어 그 소리가 온 땅에 퍼지게 하라. 너희는
제 오십 년으로 거룩한 해를 삼아 온 땅에 공포하여, 모든
인민으로 자주케 하고 희년으로 지켜 각각 너희 기업으로
돌아가고, 각각 그 가족에게 돌아갈지어다. 제 오십 년을
희년으로 삼아 심지 말며, 스스로 난 것을 거두지 말며, 가
꾸지 아니한 포도를 따지 말라."[레 25:4~11]

　　희년이라 함은 신자로서는 다 아는 바이므로 설명할
필요가 없으나, 불신자나 혹 신자 중에도 희년에 의의를

알지 못하는 자가 있을까 하여 먼저 희년의 의의를 설명하려 한다.

이 희년이야말로 우리 그리스도 신자인 하나님의 자녀로서는 기대하고 바라는 최후의 목적이며 우리가 이 진세塵世(티끌같은 세상)에서 악마와 더불어 분투하며 노력하고 영적 사업을 위하여 정예한 활동을 하는 것이 모두 이 희년을 위함이다. 다시 말하면 이 지상에 낙원을 건설하고 화락한 인생의 순진한 생활을 완성할 그 시기를 의미함이다. 하나님의 경륜하심도 이에 있는 것이며, 일찍이 자기로부터 안식을 하신 동시에 인류에게 안식의 복을 허락하시었다. 이에 대하여는 여러 곳에 성경 본문을 예거할 필요가 없이 창세기를 보면 하나님께서 이 우주 창조 사업을 6일 동안에 마치시고, 제7일은 우리 인류로 하여금 안식하게 하시고, 제7년 되는 해를 안식하게 하시고, 또 7년을 7로 승乘(곱)한 49년을 지나서 제50년 만에 희년으로 정하사 안식하게 하시고, 인류에게 일대 명절로 지키게 하셨다. 이것이 즉, 우리의 기대하는 천년안식의 그림자가 됨을 암시하신 것이다. 이제 우리가 기대하는 지상에 낙원이 건설되고 평화의 노래를 부를 그 천년안식이 어느 때에 이를 것인가 함에 대하여 내가 생각하고 연구한 대로 말하려 한다.

하나님께서 명령하신 바를 쫓아서 단수 7을 승乘하여 49년을 지나서 50년을 희년으로 지키라 하시었은즉, 그 희년을 정하신 방법에 의하여 10수 되는 50년을 10수 되는 70희년으로 승乘하면 3,500년이다. 곧 우리가 바라던 천년안식의 희년이 될 것이다. 그렇다 하면 이 3,500년의 단위가 어느 때부터 시작된 것이냐 함에는 하나님께서 모세를 통하여 이스라엘 민족에게 희년을 명하신 그 시부터 시작하여서 계산하여야 할 것이다. 모세가 이 명령을 송 포頌布한(기리어 전파한) 시를 상고하여 보면 역사상으로 주전 1498년이다. 그리하여 우리의 천년 안식년을 이 해부터 시작하고 보면 70희년은 주후 2002년이 된다. 3,500년의 수가 모세 때부터 즉 주후 2002년이 되면은 안식에 주인공이 되시는 그리스도께서 재림하실 것이다.

전에도 말한 바와 같이 세상 연대가 틀림으로 다소 연수가 맞지는 않는다 하여도 현세에 여러 가지 현상을 모든 방면으로 보아 우리 신자로서 기대하는 안식과 복락을 누릴 천년왕국의 시기가 임박함을 알아 경성하며 예비하여야 할 것이다.

『신앙생활』 1935년 제4권 제12호

# 길선주 목사 유고

## 예수 재림의 6대외증大外證

### 1. 불교인의 증거

1902년에 인도국 불교 잡지에 예언하기를, 1966년에 신령하고 능력 있는 세계적 구주가 나타나서 공의의 왕국을 건설하리라 하였다.

### 2. 회회교의 증거

애굽 수부(수도) 카이로 성에 회회교回回教(이슬람교) 선지자 1인이 일어나서 하나님께 묵시를 받았다 하는 전도지 중에 '모하메드 교회가 설립한 지 회기 1390[1972년]에 회회교가 파괴되고, 귀로 듣지 못하고 눈으로 보지 못하던 천국의 영원한 집을 기업으로 받을 것이라' 하는 문구가 기재되었었다.

## 3. 신비학자의 증거

인도에 신비학파 교회가 있는데 그 교회를 주장하는 사람이 1922년에 예언하기를 '세상을 구원할 구주가 20년 내로 오실 터인데, 지금도 세인이 알지 못하게 벌써 세상에 와 계시다' 하였다[『신학지남』 제5권 3호, 제144쪽 14행 외국종교통신 제6조].

이상 세 가지 증거를 생각하면 불교나 회회교나 신비학자들이 모두 우리 기독교를 반대하는 교파임에도 불구하고, 이와 같이 예언들을 함은 참으로 이상한 일이다. 불교로 말하면 석가가 온다든지, 회회교에서는 회수구주回數數主(이슬람의 구세주)가 온다든지, 신비가는 신비학의 신이 온다든지 하지 않고, 알지 못할 구주가 오신다고 하였음이 결코 심상한 일이라고 볼 수 없다. 동방박사가 예수를 경배한 것처럼, 이는 하나님께서 다른 종교인으로 하여금 예수의 재림의 큰일을 증거하게 하심이다.

## 4. 주 재림대회 증거

주 재림대회 제1차 회집은 미국 뉴욕, 제2차 회집은 미국 시카고성에서 개최하였는데 출석한 인원수는 이러하다. 독일 신학자 24인, 미국 신학자 47~8인, 영국 신학자 48인, 또 미국 침례교회 교역자 153인이 브루클린에서 주 재림대회를 개최하고 주께서 천년세계 전에 속히 오시리라고 선전하였으며, 또 미국 각 교파연맹 재림대회를 조성하였는데 출석 인원은 (1) 감독교회 7인, (2) 장로교회 14인, (3) 감리교회 4인, (4) 침례교회 5인, (5) 조합교회 3인, (6) 개량교회(개혁교회) 3인, (7) 루터교회 7인, 합계 43인이요, 이들은 모두 유명한 목사들로서 주 재림대회를 개최한 것이다. 각 교파의 유수한 신학자들이 이와 같이 주 재림을 맞이하기 위하여 세계적으로 회합하는 것이 우연한 일이 아니다.

## 5. 성신 받은 유명한 신학자들의 증거

현재 전 세계를 통하여 주 재림을 기다리는 교파는 기억만이 있는 중에 과학상 지식이 풍부한 학자요, 겸하여 성경 해석에 권위 있는 신학자 수십만 명이 천년세계 전에 주께서 속히 오시리라 하여, 혹은 글로 혹은 말로 크게 선전파 宣傳播(전하여 널리 퍼뜨림) 하고 있다.

옛날 선지자 중에 1~2인이 예언하고 증거한 것을 믿는 자는 구원을 얻고 믿지 않은 자는 멸망을 받았거늘, 하물며 성신을 충만하게 받은 전 세계에 유명한 선지자 수십만 인이 이와 같이 주 재림을 힘있게 증거하는 것을 믿지 않으면 안 될 뿐 아니라, 그들이 증거하는 일들이 심상한 일이 아닐 줄을 알아야 하겠다.

# 6. 유명한 목사들이 묵시 받음으로 증거

영국에 유명한 목사 28인이 서로 약속한 일도 없이 우연히 유벽幽僻한(한적하고 외진) 곳에 모여서 1삭朔(한 달) 간이나 주 재림을 위하여 열심으로 기도할 때에 3일간을 연하여 비몽사몽 간에 주께서 나타나사 말씀하시기를 "내가 속히 와서 너희를 데려가리라" 하시고, 또 이르시되 "너희는 속히 내가 재림할 것을 전 세계에 선전하라" 하시었으나, 28인은 너무도 이상하여 자기들의 본 것을 선전하지 않았더니, 다시 셋째 번에 엄위嚴威하시게(엄하고 위풍이 있게) 나타나셔서 선전치 아니함을 책망하시는 고로, 그제야 28인 목사가 각각 자기의 묵시를 설명하고 주께서 속히 오시리라는 전보를 당일 일처一處(어느 한곳)에서 75,000매나 전 세계에 타전하였다. 이와 같이 1일간에 75,000매의 전보는 전보국이 설치된 이후로 처음 된 일이라 한다.

이 전보가 조선에도 와서 사실을 더욱 확실히 하였으니, 황해도 재령에 있는 선교사 황호리黃好理(Harry Whiting, 미국북장로회 선교사) 씨의 친구가 이 28인 중의 1인으로 황 씨에게 주 재림이 급박하였다는 전보를 한 일이 있음으로 황 씨는 그 전보를 받고 재령 교회에서 주 재림을 위하여 기도회를 한 일이 있다.

# 제4장 주 재림 시 신자의 형편

"또 천국은 마치 그물을 바다에 치고 모든 물고기를 몰아서 그물에 가득하매 언덕으로 끌어내고 앉아서 좋은 것은 그릇에 담고 못된 것은 버림 같으니"[마 13:47~48].

이 그물 비유를 보면 우리가 직각적으로 알 것은 그물에 든 고기 전부를 건져낼 것이 아니요, 호불호好不好를 가려 그중에서 좋은 것 얼마만 택하여 내리라 함이니, 그리스도의 복음을 듣고 교회 안에 들어와서 하나님을 경배하면 다 교인이 된다. 그러나 교인이라고 다 구원 얻지 못하고, 그중에 구원 얻을 자도 있고 구원 얻지 못할 자도 있을 것이다.

그러면 어떤 자가 구원을 얻고 어떤 자가 구원을 얻지 못하는가? 자석은 금이나 은 같은 귀금속은 흡인하지 못하고, 도리어 동이나 철 같은 낮은 금속을 잘 흡인한다. 이와 같이 예수의 나라에 참여할 자도 학식과 부력과 지위 있는 잘난 사람보다 빈천한 사람들이 많이 예수에게 끌려 올라갈 수 있다. 어떤 사람들은 기독교인이면 다 승천할 줄 알지만, 성경에 가르친 대로 보면 교인 중 얼마만 재림하시는 예수를 연접延接(영접)할 것이다.

그러면 예수를 연접할 사람이 얼마나 될 것인가. 마태복음 25장은 예수 재림 시 신자의 형편을 예언하신 중에 열 처녀 비유는 분명히 당신을 맞이할 사람의 수를 가르치신 말씀이다. 예수께서 비유 말씀이라도 추상적으로 하시는 것이 아니라 실제적 사실을 표현하시는 것인즉, 천수天數인 일곱 처녀가 신랑을 맞이하고 세 처녀는 맞이하지 못하였다고도 아니하시고, 인수人數인 여섯 처녀는 신랑을 맞이하고 네 처녀는 낙선되었다고도 하지 아니하고, 성부·성자·성신 3위 신수神數인 세 처녀는 신랑을 맞이하고 기여其餘(그 나머지)는 불급하였다고 하지 아니하고, 또는 동서남북 사방세계를 대표한 4인은 잔치에 들어가고 기여其餘는 낙연落宴(탈락)되었다고 하지 아니하고, 하필 5급及 5락落의 반수만 말씀하신 것을 보면 예수 그리스도께서 재림하실 때에는 전 세계에 생존한 신자의 반수만이 승천하게 되겠다는 것을 의미한 것이다. 혹이 5대 5는 비유 중 우연한 숫자라고 말할는지 모르지만, 반수의 승천을 예언한 성언은 이 밖에도 여러 번 있다.

왈, "두 사람이 밭에 있으매 하나는 데려가고 하나는 버려
두며"[마 24:40]

왈, "내가 너희더러 이르노니, 그 밤에 두 사람이 한 자
리에 누웠는데 하나는 데려가고 하나는 버려두며"[눅
17:34]

왈, "두 여인이 맷돌을 갈 때, 하나는 데려가고 하나는 버
려두리니"[마 24:41]


첫째, 2인 재전在田(밭에 있는 두 사람)의 비유는 그 기절期節
(시절이나 철)을 지정하시지는 아니하였으나 춘, 하, 추 3절
중 어느 농시農時(농사철)임은 틀림없다. 만일 김매는 하절이
라 할지라도 밭에 많은 농부가 있을 것이요, 만일 추수하
는 추절秋節이라고 하면 추수할 것은 많되 추수꾼이 적음을
탄식하지 않을 수 없는 유태의 전야田野(들밭)에는 사람이 더
욱 많을 것이다. 유태인의 농사하는 풍속은 1인이 밭을 갈
고, 또 1인이 그 뒤에서 자구를 밟는 것이요, 사래 긴 넓은
밭이라 하면 소 두 겨리, 세 겨리 이상으로 밭을 가는 것이
니, 엘리사가 소 열두 겨리로 밭을 갈다가 엘리야를 따라
갔다는 구약 기사가 봄날 유태의 전야에는 사람이 얼마나
많았는지를 보여준다. 그런데 예수님은 2인 중 1인, 곧 반
수만 데려갈 것을 예언한 것은 분명 재림하시는 주를 따라

갈 사람은 교인 중 반수임을 가르치신 것이다.

둘째, 2인이 동석同席(같은 자리)에 자는데 1인을 데려가고 1인을 버려둔다 함도 1가정 신자 중에도 재림의 주를 영접하지 못할 자 있음을 말씀하시는 동시에 반수의 구원을 예언하심이오.

셋째, 맷돌질하는 두 여인의 비유도 그러하다. 유태 풍속에 맥분麥粉(보리가루)은 상비 식료품이기 때문에 다량으로 예비하여 두어야 하는 것이니, 한번 맷돌질 시작할 때에는 빈부를 물론하고 품앗이로 여러 사람들이 맷돌질하게 된다. 혹 보통 맷돌질이라 하더라도 하필 2인만이 할 것이 아니다. 그러나 예수께서 1대 1의 두 사람만 말씀하신 것을 보면 역시 반수를 의미하신 것을 알 수 있다.

이를 미루어 보면 주 재림하실 때에 진실한 신자와 아름다운 교회는 당신이 데려가시고 진실치 못한 교인과 타락한 교회는 7년 대환난에 떨어질 것이다. 또한 이상 여러 비유 중에 맷돌질하는 두 여인의 비유와 밭에 있는 두 사람의 비유와 밤 자리의 두 사람의 비유는 지구가 원형임을 뜻하셨으니, 주께서는 한때에 재림하시지만 유태 가정의 습속과 같이 맷돌질하는 아침을 당한 곳도 있고 밭에서 노동하는 낮을 당한 곳도 있고 어떤 곳에서는 잠자는 밤도 당할 것이다. 그러면 아침이나 낮이나 밤에 각각 그 처지에서 데려가실 사람도 있고 버려둘 사람도 있다는 말씀이다.

이상에 말한 바는 주 재림 시에 일반 신자 중에서 반수만이 승천할 것을 설명한 것이지만, 이제 재전在田 2인의 비유를 성경에 의하여 다른 뜻으로 해석할 수 있으니, 밭은 세상이라 하면 2인 중 1인은 신자요 또 1인은 불신자라고 볼 수 있나니, 이 세상 말일까지 신자와 불신자가 국가나 사회에서 혹은 전야를 같이하고, 혹은 공장을 같이하여 동사동로同事同勞하다가(같은 일을 함께하다가) 주 재림 시에는 신자는 데려가고 불신자는 버려둔다는 것으로 볼 수도 있다.

그러나 주께서 다만 신자와 불신자를 구별하여 말씀하신 것뿐만이 아니다. 야간 일석一席에 자는 비유를 상고하여 보면 한자리에서 잔다 하였으니 한집안 식구임이 분명하니 한 가정 신자 중에서라도, 다시 말하면 한 교회 신자 중에서라도 반은 진실한 신자 되어 데려감을 입고 반은 진실치 못하여 버림을 받던 것을 말씀하신 것이다.

또 맷돌질하는 두 여인의 비유를 음미하여 보면 우리 교역자로서 더욱 송구한 생각을 가지지 않을 수 없으며 경성하지 않을 수 없다. 맷돌질 두 여인은 집안 식구들의 식량을 예비하는 자이니, 이는 특히 주님의 부탁을 받아 하나님의 어린 백성을 먹이는 사역자들을 가르치는 의미가 있다. 그렇다고 하면 교회 내에서 주의 교인을 먹이는 사역자라도 주께서 선불선<sub>善不善</sub>(선함과 선하지 않음)을 택하사 그반은 데려가고 그 반은 버려둘 것을 경고하심이다.

그러면 나의 사랑하는 여러 신자와 나는 어떤 반수에 참여하게 될 것인가. 각각 자경자성<sub>自警自省</sub>(스스로 경계하고 반성)하여 보자. 신자, 불신자를 구별함은 말할 것 없거니와 신자 중에서나 교역자 중에서라도 그 반수는 떨어지는 가련한 자 될 것이니, 이 글을 읽는 나의 사랑하는 자들아 더욱 경성하여 택함을 입는 좋은 고기가 되고 주 재림하는 때에 주와 한가지로 승천하는 반수에 들기를 간절히 바라노라.

『신앙생활』 1936년 제5권 제2호

# 제5장 부활의 7대 증거

## 1. 동수동물로 증거

동수동물冬睡動物(겨울잠 자는 동물)이란 추운 동절에는 깊이 잠들었다가 화창한 춘일春日이 돌아오면 다시 깨는 동물들을 말함이니, 개구리 같은 것도 동수동물 중의 하나인데 어떤 놈은 나뭇가지 틈에 끼어 있다가 그 나무가 점점 장성함에 따라 나오지 못하고 그 나무 속에 70~80년간 자고 있다가 그 나무를 베어 쪼갠 뒤에 소생한 놈도 있었다고 모某 동물 학자는 말하였다. 1일이라도 호흡을 끊고 살 수 없는 동물이 어떻게 1년이나 혹 여러 해 동안 죽은 상태로 있다가 다시 살아날 수 있겠는가. 이치를 따져 설명할 수는 없지만, 현재 우리 목전에 보는 사실이다.

인생에게 죽음이란 것이 온다. 누구나 싫어하고 누구나 무서워하는 죽음은 누구에게나 온다. 이 죽음이 어디로 좇아오는가. 죄의 값은 사망이었나니 인생이 범죄함으로 말미암아 이 사망을 면하지 못하게 되었으나, 대자대비大

慈大悲(넓고 크게 자비)하신 하나님께서는 이 죽음의 인생을 불쌍히 여기사 우리 육신에게도 부활하는 힘을 주신 것이다.

만물이 하나님의 뭇 아들이 나타나기를 기다린다 하신 말씀과 같이 만물이 인생에게 속하여 영고榮枯(번성함과 쇠퇴함)를 같이하는 것이다. 인생이 범죄함으로 망하게 되매 만물이 함께 망하게 되고, 인생이 부활함으로 하나님의 형상을 회복할 때에 만물도 회복될 것이다. 사람이 부활의 소망이 있으매 만물에게 회복의 소망이 있다. 저급한 동물이라도 긴 동수 중, 곧 죽음의 상태에서 소생할 수 있다면 존귀한 사람이 어찌 죽은 상태에서 부생할 힘이 없으랴. 모름지기 동수동물의 기이한 상태는 인간에게 부활을 시사하는 한 실물교재이니라.

## 2. 화충으로 증거

화충化虫이라 함은 어떤 곤충이 그 자체를 변화하여 다른 곤충이 되는 것을 말함이니, 가령 둔한 버러지가 변화하여 가볍게 나는 봉접蜂蝶(벌과 나비)의 몸이 되는 것이다. 이도 또한 왜 그렇게 되는 소이연所以然(그리 된 까닭)을 설명할 수 없는 동물계의 사실일 뿐이다.

이런 기이한 변화를 주장하시는 하나님이 우리의 혈기의 몸을 신령한 몸으로 변화하게 하실 것이다. 저 동물들의 소망을 보라.

"그 바라는 것은 만물이 썩어짐의 종 됨을 장차 벗어나 하나님의 뭇 자녀의 영광을 얻어 스스로 주장함에 이를 것이니라. 대개 창조함을 받은 만물이 다 지금까지 함께 탄식하고 수고하는 것을 우리가 아나니, 다만 이뿐 아니라 오직 성신의 처음 익은 열매를 받은 우리도 또한 자기 마음에 탄식하여 양자 됨을 기다리나니, 곧 우리 몸을 속량하는 것이라"[롬 8:21~23].

## 3. 하나님의 공평한 법으로 증거

만일 하나님께서 신자의 영혼만 구원하시고 육신의 부활이 없게 하셨다면, 공리公理로우신 하나님의 공평하심이 결여되게 된다.

하나님이 사람을 창조하실 때에 영육靈肉을 함께 지었으니, 영靈만도 사람이 아니요 육肉만도 사람이 아니요, 영육이 합하여 일개 인격을 이루는 것이다. 바울 선생의 말씀에 "대개 내 속에 있는 사람으로는 하나님의 법을 즐거워하되, 다만 지체 가운데 다른 법이 있는 것을 보매 내 마음의 법과 싸워 나를 사로잡아 내 지체에 있는 죄의 법에 복종하게 한다"[롬 7:22~23] 하였으니, 영혼의 나도 있고 육신의 나도 있는 것이 분명하다. 그런즉 하나님께서 우리의 영혼만 구원하시고 육신은 한번 죽어 진토塵土(티끌과 흙)에 돌아가고 말게 하시면, 육체의 나는 하나님께 묻기를 "공평하신 하나님이여 어찌하여 이 육체의 나는 이 고해 같은 세상에서 고통과 비애만 겪다가 필경에는 죽어 진토에 묻혀 썩어지고 말게 하실 것 같으면 천사와 같이 영혼만 지으시지 아니하고 육신을 창조하셨습니까. 이것이 어찌 당신의 공평에 합슴합니까"라고 할 것이다.

그러나 신령한 천사들과 천하 만민을 공리로 심판하실 하나님께서 어찌 공평치 않으시리오. 이 육신은 잠시 동안 진토에서 잠을 자지만, 끝날 주의 나팔소리에 우리 육신을 창조하신 하나님의 능력으로 반드시 우리의 육신까지 다시 살릴 것은 의심 없는 일이다.

## 4. 예수의 몸으로 증거

이 위에 말한 바와 같이 만일 우리의 영혼만이 구원을 얻는다 하면, 이 영혼은 영이다. 영은 영으로만도 구원할 수 있는 것이니 영인 천사들을 보내서라도 우리의 영혼을 구원하실 수 있는 것이요, 성자께서 구원하실지라도 신으로만 오셔서 영혼들을 구원하실 수 있는 것이요, 육신을 입으시고 오실 필요가 없을 것이었다.

성자께서 육신을 입으시고 그 육신이 십자가에 죽으심

은 죗값으로 죽을 우리의 육신까지 구원하고자 하심이니, 로마서 8장 3절에 말하기를 "율법이 육신을 인하여 연약한 고로 능히 못하는 것을 하나님은 하시나니, 이는 하나님이 자기 아들을 죄가 있는 육신의 형상으로 보내사 죄를 위하여 육신의 죄를 정하셨다"고 하였다.

그런고로 이 육신도 구원 얻을 몸이며 반드시 부활할 몸이다. 이제 우리는 이 육신으로 인하여 범죄하였다고 이 육신을 원망하며 그 책임을 육신에게만 돌림은 부당한 일이다. 천사는 육신이 없어도 범죄하였고, 예수는 육신이 있어도 죄를 범하지 아니하시었다. 이 육신은 영혼의 기계이다. 영이 보라 하면 보고, 들으라 하면 듣고, 가자 하면 가고, 무엇을 취하라 하면 취하는 것이다.

만일 우리가 이 육신이 구원을 얻지 못한다 하면, 이는 참으로 가련한 몸이다. 그러나 이 괴로운 진세塵世(티끌 같은 세상)에 역려과객逆旅過客(여관과 같은 세상에 잠시 머무는 나그네 인생)이 되었다가 흙 속에서 썩어지지만 다시 살아 썩지 않는 몸이 될 것이요, 욕된 몸이지만 다시 영화로운 몸으로 변화할 것이요, 혈기의 몸이지만 다시 신령한 몸으로 변화할 것이다. 이리하여 우리 죄를 위하여 육신으로 오셔서 죽으셨다가 다시 살아나신 예수 그리스도와 같이 우리 몸도 부활할 것이 분명하다.

## 5. 이론으로 증거

이 세상 위인들이 타인에게 칭찬과 숭배를 받는 이유는 범인凡人(평범한 사람)이 가지지 못하는 이상을 가지며 남달리 철저한 주의를 실행하며 누구나 능치 못한 발견이 있기 때문이라 하겠다. 그러나 그 이상理想, 그 주의主義, 그 발견이 어느 시기에 한한 것과 같이 그 칭찬, 그 숭배도 일시적이다. 그러나 하나님의 생각과 권능과 영광은 영원하시다.

가령 여기에 세계 유일의 과학자가 있어 정금을 가지고 발성發聲도 할 수 있고(소리를 낼 수 있고) 행보도 할 수 있는 인조인간을 만들었다 하자. 모든 사람들은 그의 재조才操(재주)와 그 기능을 탄복하며 칭찬하여 전 세계 인류에게 존경과 숭배를 받는 동시에 세인들은 그를 조화옹造化翁(만물의 창조자)이라고 부른다고 하자. 그러나 불행히 그 조화옹에게는 한 원수가 있어 항상 시기하여 어떻게 하든지 그 발명한 물품을 파괴할 악심을 가지고 그 명예와 권위를 손상시키려 하였다. 그리하여 마침내 그 조화옹의 발명한 물품은 그 원수의 손에 파괴되고 말았다 하자.

만일 그 조화옹이 그 파상破傷된(망가진) 물건의 본질을 가지고 다시 그 물건을 만들지 못한다 하면 그는 그 원수의 손에 실패를 당하고 말 것이 될지나, 그러나 만일 그가 파괴된 물체의 재료를 가지고 다시 새것을 만들었는데 전에 만든 것보다 더 좋고 이상하여 능히 월세계月世界(달나라)에도 갈 수 있고, 화성에도 갈 수 있으며, 수화水火 중에도 상함이 없고, 사람이 만질 수도 없고, 원수가 다시 상할 수도 없는 것이라 하자. 그러면 조화옹을 주목하고 있던 세계 인류는 더욱 그의 권능과 지혜를 찬송하고 숭배할 것이다.

이와 같이 하나님께서 영원 전부터 존재하시고 무시무종無始無終하신(시작도 없고 끝도 없으신) 천지의 대주재가 되사 하늘의 천만 천사들에게 영광 받으심은 우리 인생의 영혼은 물론 인생의 몸까지도 불사不死의 것으로 기기묘묘奇奇妙妙하게 창조하신 까닭이다. 그런고로 하나님의 원수 사탄이 영광 받으시는 하나님을 시기하여 에덴동산에서 하와를 꾀어 범죄하게 함으로 인류의 육신이 죽어 흙으로 돌아가게 한 것이다. 이제 만일 하나님께서 이 인생의 몸을 그 본질을 가지고 죽은 가운데 영화로운 몸으로 다시 살리는 이치를 발포發布치(세상에 널리 알리지) 아니한다고 할진대, 원수 마귀에게 실패를 당하였을 것이다. 만일 그렇다고 하면 하나님을 숭배하던 천사들은 하나님의 원수인 마귀를 숭배하게 될 것이다.

그러나 하나님은 무소불능無所不能하시고, 무소부재無所不在하시며, 무소부지無所不知하실 뿐만 아니라 이 우주를 창조하시고 영원부터 영원까지 생존하시는 여호와시니 썩어져 없어진 우리의 몸을 다시 살려서 이 세계 저 세계를 자유로이 핍행逼行할(황급히 나아갈) 수 있으며 수화水火 중에도 상함이 없고 사탄이 감히 만지지도 못할 몸으로 변화시키는 것이다.

우리는 반드시 이 불가사의의 몸으로 부활하여 영생할 것이니, 이로써 하나님이 영원히 영광을 받으실 것이다.

## 6. 화학으로 증거

대저 어떠한 물체든지 영원히 소멸하는 법이 없나니, 동물이나 광물이나를 물론하고 그 본질이 없어지는 법이 없는 것이다. 그 물체의 형체만은 없어진다 하여도 그 물체의 본질은 영원히 존재하는 것이다. 가령 여기에 있는 한 책상이 화재로 인하여 소실되었다 하자. 그러면 그 책상의 형체만은 없어졌지만, 그 질質은 없어지지 아니하고 탄소, 수소, 산소, 질소 등으로 분해되어 공기 중에 의연히 산재한 것이다. 또 물을 분석하면 수소 2와 산소 1의 비례로 합한 것이다. 이를 반대로 수소 둘과 산소 하나를 합하면 도로 물이 되는 것이다. 산소, 수소, 기타 탄소, 질소 같은 것은 기체라 사람의 눈으로 볼 수 없고, 책상은 고체요, 물은 액체이니 사람의 눈으로 볼 수 있는 것이다. 볼 수 있는 것이 볼 수 없이 되었다고 아주 없어진 것은 아니다. 지금까지 아는 대로 천지 만물은 90여 원소로 되었다 하나니, 인생도 한번 죽으면 그 영과 육이 서로 떠나서 고깃덩어리 육체는 땅에 묻혀 썩어져서 90여 원소로 변화하는 것이다. 이것을 가리켜 물질불멸이라 한다.

최근의 과학은 다시 물질불멸을 반대하여 물질의 변멸 變滅(변하여 없어짐)을 역설하고 있다. 그러나 나는 물질불멸을 어디까지 주장하는 것은 성경 원리에 의하여서이다. 전도서에 보면 "만물의 수고를 사람의 말로 다 할 수 없나니, 그런고로 눈은 보기에 배부르지 아니하고 귀는 듣기에 차지 아니하느니라……. 이미 이룬 일이 후에 다시 있나니, 날(해) 아래에 도무지 새 일이 없느니라"[전 1:8~9]. 과학은 때를 따라 언제는 물질의 불변불멸을 주장하고 이제는 물질의 변멸을 역설하나, 성경은 영원불변의 진리이나니 전도서는 분명히 사물의 영멸을 반대하고 있다. 고로 사람은 죽어 체질이 변화할지라도 그 원질原質은 그대로 있을 것이니, 원질의 영원불멸의 화학적 원리원칙도 인간의 부활은 가능한 것을 보여준다.

내가 일찍이 모某 교회에서 부활의 이치를 가르칠 때에 어떤 청년과 문답한 것을 참고로 기록하면,

갑: 목사님의 몸은 무엇입니까?

을: 4백억만이나 혹 기억조幾億兆(몇억 조)의 세포의 결체조직으로 된 것이다.

갑: 그러면 그 몸이 죽으면 어떻게 됩니까?

을: 썩어져서 흙도 되고 물도 되고, 다시 말하자면 90여 원소로 변해變解(분해) 될 것이다.

갑: 그러면 목사님의 몸이 무덤 속에 들어가 썩는다고 하고, 그 무덤 위에 풀이 나면 그 풀은 무엇으로 되어있습니까?

을: 내 몸이 되었던 세포질이 그 풀 속에 섞이어 있다고 하겠다.

갑: 만일 소가 그 풀을 먹으면 어찌 됩니까?

을: 소가 내 몸의 원소가 섞인 풀을 먹으면 내 몸이 그 소로 화하였다고 볼 수 있다.

갑: 그렇다고 하면 그 소를 잡아 김 씨, 이 씨가 먹고 창자는 까마귀가 먹고 피는 흙에 젖었다가 물에 들어가서 물고기가 먹었다 합시다. 이와 같이 하기를 몇 번 거듭 윤회하면 화학적 작용으로 여러 번 변환하여 그 몸이 400억만의 세포 혹은 90여 원소로 변하고 말 것입니다. 그러면 사람의 몸이 어떻게 부활하며 부활한다면 이미 변해 분산된 것이 어떻게 이전 처음 몸이 되겠습니까?

을: 구주대전 시에 연합군 측에서 독일의 영토를 빼앗는 중에 아프리카에 있는 동광銅鑛(구리 광산)까지 빼앗았다. 이 때문에 독일은 동으로 제조하는 전구를 만들 수 없는 대곤경에 빠지었다. 그러나 독일의 과학자들은 화학적 분석에 의하여 공기 중에서 동질을 취하였으며 공기 중에서 유산질을 취하여 화약제조를 하였다. 인간의 학술로도 공기 중에 포함된 동질이나 유산을 분석하여 낼 수 있다 하면, 이 우주를 창조하시고 공기와 모든 원소를 만드신 하나님께서 원소 중에 변해 분산된 사람의 세포질들을 가리어 내실 수 없을 것인가?

하나님께서 이 세계를 창조하실 때에 역시 분석적 방법으로 지으셨다. 태초에 이 우주는 혼돈상태에 있었다. 거기에서 한 말씀으로 빛과 암흑을 분석하시고, 궁창과 세계의 물과 육지와 바다를 나누시고, 흙에서 식물과 동물과 또 사람의 육체를 분석하시었다. 그러할진대 이 몸이 몇 천 년간 몇 번 변화할지라도 그 원질이 불멸하는 이상에는 분석의 능을 가지신 하나님이 물질계에 산재한 우리의 몸을 부활시킬 수 없겠는가. 하물며 영원히 살아계시사 무소불능, 무소부지하신 하나님이시요, 생명의 근원되신 하나님이 사람을 창조하기도 하고 부활하게도 하시는 것은 당연한 일이다. 원질불멸이라 하여 부활하는 육체가 전의 몸과 같이 불완전한 것이 아니라 더욱 완전하고 신령한 몸으로 화하는 것이다. 이러므로 구약시대의 모든 선지자들과 신약시대의 모든 성도들이 다 육체의 부활을 확실히 믿고 바라는 마음으로 증거할 뿐 아니라 천만 가지 고난과 핍박을 당할지라도 조금도 동요하지 아니하고 이 육신의 죽음을 초개草芥(지푸라기 같은 하찮은 것) 같이 보고 주를 위하여 감연히 순교하였으니, 사랑하는 형제자매들도 부활의 소망을 가지고 모든 고통을 이기고, (1) 부활의 소망을 가지고 죽음의 겁쟁이 되지 말고, 생의 용자가 되기를 바라며 (2) 이상 성경구절을 묵상하여 부활의 증거를 확실히 붙잡고 산 신앙에 서기를 바란다[사 26:19; 묵 20:13; 단 12:2; 겔 37:1~11; 요 5:27~29].

## 7. 성경으로 증거

성경 여러 곳에 부활을 증거하고 있다. 고린도전서 15장 13절에 "죽은 자의 부활이 없으면 그리스도께서 또한 다시 살아나지 못하였으리라"고 하셨다.

이 성구의 뜻은 이러하다. 즉 무소부지하신 하나님이 사람을 창조하실 때에 절대 자유를 주셔야 할 것이나, 사람은 그 자유를 오용하여 범죄하게 될 것이고 범죄한 뒤에는 반드시 사망할 것을 예지하신 고로, 자비하신 하나님은 이 우주를 창조하실 때에 부활의 원리를 미리 이 우주 사이에 배포하여 두시었다. 그런고로 예수의 부활하신 것이 하나님의 법도와 이치를 떠나서 부활의 새 법칙을 세워 부활하신 것이 아니라, 하나님 아버지께서 이미 배포하신 부활의 법도와 이치 안에서 예수는 먼저 부활한 것뿐이라 함이다. 곧 사자死者의 부활이 없으면 예수도 부활하지 못하였으리라 함이다.

그뿐 아니라 고린도전서 15장 15절에 더 분명한 말씀이 있으니, 왈 "사자의 부활이 없으면 하나님께서도 그리스도를 다시 살리신 것이 없으리라" 하였다.

이것은 하나님께서 당신이 세우신 이치와 법도를 거스르고 새 법칙으로 예수를 부활케 하신 것이 아니라, 사람에게 이미 허락하시고 이미 세워주신 부활의 이치와 법도를 따라 예수를 먼저 부활케 하셨다는 것을 더욱 분명히 증거한 말씀이다.

이와 같이 성경에 증거한 말씀을 보면 우리의 몸이 실체로 부활할 것은 하나님의 기정법도(미리 정한 법도)이어서 추호라도 의심할 여지가 없다. 우리 몸이 반드시 부활하리라고 가르치신 성경말씀이 여러 곳에 분명함으로 사람의 두뇌와 지각으로도 겨자씨만한 믿음만 있으면 부활은

넉넉히 깨달을 수 있고 신수信受할(믿고 받아들일) 수 있는 대사
실이다.

고린도전서 15장, 빌립보서 3:20, 묵시록 20:5~6, 데
살로니가전서 4:16~17, 요한복음 5장 27~29, 이사야
26:19, 다니엘 12:2, 요한복음 11:25 들을 찾아보시오.

# 제6장 공중혼인 연석

공중혼인의 연석宴席(연회 자리)은 사도 요한이 묵시로 본 곳이니, 묵시록 4장 1~4절에 기록한 바와 같다. 몸에 흰옷을 입고 머리에 금 면류관을 쓰고 24보좌에 둘러앉은 24장로는 구약시대에 구원 얻을 12지파와 신약시대에 구원 얻을 12사도들인데, 이 24보좌 있는 곳은 신부 된 교회와 신랑 된 예수 그리스도와의 혼인하는 공중혼인 연석을 가리킴이니, 참으로 영광스럽고 희락이 넘치는 자리이다[마 25:1~3].

이때에 세상은 뜨거운 가마에 끓는 물처럼 고통의 재란災亂이 창궐하는 곳이 되어있지만 이 공중 혼인연석은 즐거움이 충일充溢한(가득 차 넘치는) 자리인 동시에, 옛날 이스라엘 민족이 애굽을 탈출할 때에 애굽인은 열 가지 재앙 중에 고난을 받지만 이스라엘인이 거하는 고센에는 유월절 연락宴樂(잔치)을 누리는 것과 같고, 노아 홍수 때에 시집가고 장가가며 향락하던 이 세상은 홍수 중에 멸망하되 비소

誹笑(비웃음)와 멸시 중에서 건조된 아라랏 산정山頂(산꼭대기)에 방주 안에 있는 노아의 식구들은 참으로 안전하여 감사하던 것과 같을 것이다. 고로 예수께서도 당신이 임할 때에는 노아의 날과 같겠다고 예언하시었다.

홍수 때의 방주와 애굽의 열 가지 재앙 중 유월절은 다 요한이 본 바 장래에 있을 혼인연석의 예표이다. 주의 말씀에 말하기를 "내가 이 포도즙을 내 아버지 나라에서 새 것으로 너희와 함께 마시리라 하신 것이" 곧 이 공중혼인연석의 때를 가리키심이다[마 26:29].

이 혼인석에 참예할 자들은 신부 된 우리 신자들인데, 높고 크고 귀한 복을 받은 행복자들이다. 그것은 신부 된 우리 신자들이 선지자보다 높고 큰 까닭이다. 예수께서 세례 요한을 가리켜 모든 선지자들보다 큰 자이지만 천국에서는 지극히 작은 자라도 요한보다 크다고 하시었다[마 11:9~11]. 너희의 눈이 복이 있음은 봄이요 너희의 귀가 복이 있음은 들음이니, 전에 있던 선지자들이 너희 보는 것을 보려 하되 보지 못하였고 너희들이 듣는 것을 듣고자 하되 듣지 못하였느니라고 하시었다[마 13:16~17].

이 공중연석은 교회를 심판하는 곳이다. 그러나 이 심판이란 것은 7년 대환난 세계로 떨어지게 한다든지 지옥에 던지는 심판은 아니다. 각 개인이 행한 대로 상급을 주고 아니 주는 시상식이라고 함이 가할 것이다. 누구든지 진리 그대로 전도한 자이면 금은보석으로 집을 지은 것같이 하여 불에 연단을 당할지라도 그 공력이 없어지지 아니하는 자니 썩지 아니할 면류관을 받을 것이요[고전 9:25], 혹은 영광의 면류관 받을 자도 있으며[벧전 5:4], 혹은 의의 면류관을 받을 자도 있고[딤후 4:8], 생명의 면류관을 받을 자도 있다[약 1:12; 묵 2:10].

이와 반대로 풀과 짚으로 집을 지은 것과 같이 세상 사업과 자기주의를 위하여 전도한 자는 그 공력이 불에 사라지리니, 불에서 구원함을 얻은 것 같이 부끄러운 구원을 얻을 것이다[고전 3:12~13, 15].

그러므로 주께서 말씀하시기를 내 아버지의 집에 있을 곳이 많으니 내가 가서 너희를 위하여 있을 곳을 예비하리니, 내가 가서 너희 있을 곳을 예비하면 내가 다시 와서 너희를 나 있는 곳에 연접하리라고 하신 말씀이 곧 시상하는 이 공중연석을 가리키심이다[요 14:1~3].

우리 신자들의 소망이 이곳에 있다. 우리는 항상 깨어 기도하며 영화로운 몸으로 부활하고 영화하여 기도하여 혼인연석에 참예하기를 힘써야 할 것이다.

『신앙생활』1936년 제5권 제3호

# 제7장 7년 대환난

묵시록 6장 이하 11장 및 13장에 상고하여 보면, 7년 대환난이 있을 것을 가르치셨다. 이 7년 환난에는 전 세계가 유태화할 것이며, 많은 환난이 일어나 말할 수 없이 무서운 세상이 될 것이다. 몇십 가지 재앙이 있을 것을 다 말할 수 없으나 묵시록에 명기한 것이 21 대재앙이 있을 것이니, 왈曰(이른바) 7인봉印封(봉인)의 여러 재앙, 왈 7나팔의 여러 재앙, 왈 7대접의 여러 재앙이 점대漸大적(점차 커져) 팔八자형으로 점점 확대하여지고 더욱 참혹하여 만고 이래에 처음 일어나는 무서운 시대일 것이다.

## 1. 7인봉의 재앙

"첫째 인을 뗄 때에 백마를 탄 천사가 나타나서 한 손에 활을 잡고 면류관을 받아 나가서 이기고 또 이기리라"[묵 6:1~2].

백마 탄 천사는 적그리스도가 나서 세상 권세를 잡고

성도를 괴롭게 할 것을 예언하심이다. 백마 탄 자를 그리스도라고 가르치는 신학자가 있으나, 다음에 해설의 오謬(그릇됨)를 말하리라.

"둘째 인을 뗄 때에 적마 탄 천사가 나타나서 세상의 평화를 빼앗고 검을 저에게 주어 모든 사람들과 싸우리라"[묵 6:3~4] 함은 말일에 전무후무한 대전란이 일어나서 인류의 피를 많이 흘릴 것이란 말씀이다.

셋째 인을 뗄 때에 흑마 탄 천사가 나타나서 손에 저울을 잡은 것은 곡식이 너무도 귀하게 되어 정울(저울)로 달아서 매매할 것을 예언함인데, "이때에 밀 한 되에 은 한 냥씩 하고 보리 서 되에 은 한 냥씩 하리라"[묵 6:5~6] 한 것은 큰 흉년이 들어서 인류의 다수가 아사할 것을 가리키는 동시에 영적 기근을 예언하신 것이다.

"넷째 인을 뗄 때에 청황색마를 탄 천사가 나타나서 땅 4분지 1의 권세를 가짐은 흉악한 병으로 인하여 말세 인류 중 다수가 사망할 것이니, 이상 4대 재앙으로 말미암아 전 인류의 4분지 1이 사망하리라" 하였다[묵 6:7~8].

"다섯째 인을 뗄 때에 대환난 중 주를 위하여 싸우던 순교자들의 영혼이 하나님의 제단 아래에서 하나님께 호소하기를 이 세상을 속히 심판하여 우리의 피를 신원伸寃하여(원통한 일을 풀어) 주옵소서 할 때에 저희에게 흰옷을 주시며 하시는 말씀이 저희의 동류와 그 형제들이 저희처럼 죽음을 당하여 그 수가 차기까지 기다리라” 하시었다[묵 6:9~11].

이 말씀을 보면 말세 인류의 4분지 1이나 죽었지만, 이보다 얼마나 더 죽을 자가 남아 있다는 것이니 실로 두려운 때이다.

“여섯째 인을 뗄 때에는 천재지변이 일어나서 일월이 빛을 잃고 하늘이 흔들리며 땅이 진동하여 모든 산악山嶽(큰 산)이 그 위치를 옮기며 주의 진노하신 모양이 나타나실 터이니, 누가 능히 그 얼굴을 대하리오”[묵 6:13~17].

일곱째 인을 뗄 때에 마치 연극장 무대에서 어떤 활극을 상연하다가 막이 닫히고 그다음 무슨 참극이 나오려는 준비 중 잠시 종용從容(조용)한 것처럼 더욱 큰 환난이 일어나기 전에 천지가 잠시 동안 고요하더니, 하나님 제단 곁에 섰던 천사가 향로를 가지고 와서 하나님 앞 금단金壇에 놓으니 향연香煙(향 연기)이 성도의 기도와 함께 화합하여 하나님 전으로 올라가며, 천사가 단상의 불을 향로에 가득히 담아서 지면에 쏟으니 뇌성과 음성과 전광과 지진이 크게 발하였다[묵 8:1~5].

이것은 대환난시대에 성도들의 간절한 기도가 하나님 보좌에 상달하여 성화가 되어 그 불이 다시 천사를 경유하여 이 세상에 쏟아질 말세에 또다시 대변괴가 일어날 것이다. 다시 말하면 성도의 억울함을 호소하는 기도가 악한 세상을 징벌하는 재앙이 될 것이란 말씀이다.

## 2. 7나팔의 재앙

"첫째 나팔 불 때에는 피가 섞인 우박과 불이 나서 땅에 쏟아지매, 땅 3분지 1이 타서 사르어 재가 되고 초목도 사르어 재 되었다"[묵 8:7].

이 말씀은 마치 맹렬한 공중 전쟁의 참혹한 형편과 방불彷彿한(거의 비슷한) 모양이 있다. 피 섞인 우박은 마치 항공대에서 던지는 피 묻은 폭탄이라고 비유할 수도 있다. 발명대왕의 작호를 듣던 미국인 에디슨은 760만 명이 거주하는 영경英京(영국의 수도) 런던 같은 대도시라도 비행기 상에서 폭격하여 2시간 내에 전멸할 수 있는 폭탄을 만들 수 있다고 장담하였으니, 과학적 전쟁의 화禍도 피 우박의 위력이 있고 땅을 태우는 맹화의 기세가 있음을 말하는 것이다. 말일의 환난 중에 공중 전란도 있을지 모르거니와 어떤 전무후무한 대 재변災變을 가르친 말씀이다.

"둘째 나팔을 불 때에는 불붙는 큰 산을 바다에 던지는 것 같아, 바다 3분지 1이 피가 되어 바다 가운데 생물 3분지 1이 죽고 배가 3분지 1이 깨어질 것이라"[묵 8:8~9].

주후 1110년에 노서아 남방에서 거대한 불덩어리가 하늘로부터 갈스비(카스피) 바다에 떨어짐으로 해수가 피같이 된 일이 있고, 1919년 서인도 섬 중에 빌리도라는 곳에 산이 터져서 불붙는 산이 공중으로 뿜어 올라갔다가 떨어지매 수 개의 촌락이 파괴되어 4만 호가 없어졌으며, 또 1913년 1월 12일에 앵도櫻島(일본 사쿠라지마)가 폭발되어 불붙는 거대한 바윗돌이 공중에 날아서 25리 외(哩) 한 촌락에 떨어져서 대화재가 일어난 일이 있었다. 이런 천변지재를 보아 둘째 나팔의 재난이 어떤 형식으로든지 있을 수 있는 일임을 알 수 있고, 또 그 무서움과 그때가 임박한 예조라고 볼 수도 있는 것이다.

대환난시대에는 천공에서 유성이 떨어져서 해수가 피같이 되어 해중의 어족이 전멸될 수도 있는 것이니, 자연계의 변괴를 예시하심인지 또는 성경에 나라를 가리켜 산이라 하였고[슥 4:7; 묵 17:9~10; 렘 51:24~25] 백성을 가리켜 바다로 상징한 데가 있으니[묵 13:1], 말일에 큰 권세를 잡은 적그리스도의 나라가 나타나서, 예를 들어 노서아와 같이 불같이 혹독한 학정虐政(포학하고 가혹한 정치) 악법을 세워 다수한 백성의 피를 흘려 세상을 혈색으로 물들인다는 인간계의 사변을 예시함인지 단언하기 어려우나, 자연계로 오든지 인간사로 나타나든지 말일 인간에 둘째 나팔의 재난은 가공할 재앙이다.

"셋째 나팔을 불 때에는 큰 별이 횃불 켠 것 같아 하늘에서 떨어져서 강 3분지 1과 여러 물샘에 덮히매 이 별의 이름은 쑥이라, 물샘 3분지 1이 쑥이 되어 모든 사람이 그 물이 쓰게 됨을 인하여 죽으리라"[묵 8:10~11].

대환난시대에는 이단의 도가 위(偽)(거짓) 교리로 인민을 교훈함으로 모든 인민의 영혼이 쑥과 같이 쓴 물을 먹고 영적으로 멸망할 것이다. 이 셋째 나팔의 재난이 더욱 심각한데 이르는 것이다.

"넷째 나팔을 불 때에는 해 3분지 1과 달 3분지 1과 별 3분지 1이 타격을 받아 낮과 밤 3분지 1이 어두워져서 빛을 발휘하지 못하는 세상이 되었다"[묵 8:12].

"또 공중으로 날아가는 독수리가 크게 소리하여 가로되, 화가 있을진저 화가 있을지어다 새 천사의 불나팔 소리가 아직 남아 있다 하리니"[묵 8:13].

이 말씀은 천사의 전도를 뜻함이다. 이 세상이 너무 악하여 전도자를 만나면 죽이는 고로 신자들이 비행기를 타고 날아가면서 전도문을 세상에 뿌리게 될는지, 천사가 직접으로 공중에서 전도할는지 단언하기 어려우나 어느 편으로나 공중 전도가 있을 것은 분명하다. 이도 또한 세상이 얼마나 험악하여질 것을 가르치심이다.

이상 네 나팔의 재난도 무섭지만, 다음 남아 있는 세 나팔의 재앙은 더욱 두려운 것이다.

"다섯째 나팔을 불 때에는 사탄이 별과 같이 하늘에서 떨어져서 무저갱 열쇠를 잡고 무저갱 구멍을 열매, 그곳으로부터 사탄의 사자 곧 황충蝗蟲이(메뚜기)의 무리가 올라와서 세계 인류를 크게 해할 것이다"[묵 9:1~11; 사 14:13~14; 눅 10:18].

성경에 인류를 가리켜 곡식으로 비유하였고[요 4:35], 또 이 황충은 말일의 대전란을 일으키는 군병을 의미한 듯한 데도 있다[욜 2:25]. 독일에서는 마병馬兵을 황충이라 지명하는 것이다. 이스라엘에서 적병을 가리켜 황충이라 하였으니, 넷째 나팔 역시 전란의 화를 가르치는 뜻이 강한 동시에 마귀가 크게 활동할 것을 보인 것이다.

"여섯째 나팔을 불 때에는 마병대 억만 명이 나온다. 그 입으로 불과 연기와 유황이 나와서 인명 3분지 1을 살해할 것이니"[묵 9:18]라고 한 성경 말씀은 대포와 같은 병기를 의미하는 바, 묵시록 쓸 때에는 물론 대포 같은 병기가 없었으나 이는 가공할 전구戰俱(전쟁 무기)의 출현할 것을 예언한 것이니, 제6나팔의 재앙도 역시 말세 전란의 화를 가르침이다.

일곱째 나팔 불 때에는 주의 나라가 이기고 악은 심판

받을 것이니 묵시록 11장 15~18절에 왈, "세상 나라가 내 주와 그리스도의 나라가 되어 세세에 왕 노릇하시도다… 이방이 분노하매 주의 진노하심이 세세에 임하여 사자死者를 심판하실 때요, 종과 선지자들과 모든 성도와 또 무론 대소하고 주의 이름을 공경하는 자에게 상 주실 때요, 또 세상을 망하게 하는 자들을 멸망케 하실 때로소이다."

## 3. 7대접의 재앙 - 묵시록 16장

제1대접의 재앙: 묵시록 16장 2절에 왈, "제1천사 가서 그 대접을 땅에 쏟으매, 악하고 독한 창瘡(부스럼, 종기)이 짐승의 표를 받고 그 우상에게 경배하는 사람의 몸에 나더라"

제2대접의 재앙: "제2천사가 그 대접을 바다에 쏟으매, 바다가 곧 죽은 자의 피같이 되니 해중에 생물이 다 죽더라"[묵 16:3].

"제3대접을 강과 물샘에 쏟으매 피가 되는지라. 물을 차지한 천사가 말하기를 저희들이 의인과 선지자의 피를 흘린즉, 시방 저희들에게 그 피를 마시게 하심이 저희들에게 마땅하다 하더라"[묵 16:4~7; 출 7:20, 9:10 비교].

"제4대접을 해에 쏟으매 해가 권세를 받아 불로 사람을 쪼일지니 사람들이 작열灼熱의(이글이글 들끓는) 재앙을 인하여 마음이 강박하여져서 대주재 하나님을 도리어 훼방할 것이다"[묵 16:8~9].

　"제5대접을 짐승의 자리 곧 적그리스도 자리에 쏟으매, 그 나라가 어두워지며 사람들이 아파 자기의 혀를 깨물고 아픔과 종기로 하여 하나님을 훼방하고 행위를 회개치 아니하더라"[묵 16:10~11].

　"제6대접을 대강大江 유프라테스에 쏟으매 강물이 곧 말라서 동방으로서 오는 여러 인군人君(왕)을 위하여 길을 예비하더라. 마귀의 영이 이적을 행하여 천하 여러 인군에게 가서 전능하신 하나님의 큰 날에 모여 싸우게 하더라. 볼지어다, 내가 도적같이 오리니 누구든지 깨어 자기의 옷을 지켜 나체로 행치 말고 자기의 수치를 나타내지 아니하는 자가 복이 있으리로다. 저희들이 여러 왕을 한 곳에 모으니 그곳은 히브리 음으로 아마겟돈이더라"[묵 16:12~16].

　"제7대접을 공기 중에 쏟으매, 번개와 음성과 뇌성이 있고 또 큰 지진이 있어 어찌 큰지 사람이 땅에 있어 온 이래로 이렇게 큰 지진이 없는지라. 큰 성이 세 줄기로 터지고 또 이방 여러 성도 다 무너지니 하나님이 큰 성 바벨론을 기억하사 자기의 진노하시는 독주毒酒를 잔에 부어주시매 여러 도서島嶼(섬)도 다 없어지고 산악도 간 곳이 없더라. 또 대접이 하늘로부터 사람에게 내리니 박괴雹塊(우박) 마다

130

중수重數(무게)가 백 근쯤 되매 사람들이 그 박재雹災(우박으로 인한 재난)로 인하여 하나님을 훼방함은 그 재앙이 심히 큼이러라"[묵 16:17~21].

이와 같이 말세의 재앙이 점점 위험이 커질 것이다. 신구성경에 예언한 여러 재란 중 4분지 3은 7년 대환난을 예언한 것이다. 마치 활 쏘는 무사들이 수십 명이 둘러서서 한 과녁을 겨누고 화살을 쏘는 것과 같이, 구약에 모든 선지자들과 신약에 예수 그리스도와 사도들이 7년 대환난에 될 형편을 향하여 예언의 화살을 쏘아 보낸 것이다.

이때에는 마魔가 대발동하는 시대이나, 주께서 천년 세계를 건설하시려고 7년 대환난 끝에 지상 재림하사 마귀들을 결박하여 무저갱에 천년 동안을 가둘 것이다[묵 20:3]. 그런고로 최후를 당한 이 마귀들은 극력 발동하여 세상을 망하게 하고자 할 것이다[묵 11:18]. 예수께서 이 시대를 비유로 가르치신 일이 있나니, 한 사람에게 들어갔던 더러운 마귀가 그곳에 지나와서 물 없는 땅을 두루 찾다가 거처할 곳을 얻지 못하여 저 있던 곳으로 다시 와서 본즉 집이 고요하고 수리修理한지라. 곧 가서 저보다 더 악한 마귀 일곱을 데리고 와서 그 집에 거하니, 그 사람의 후환이 전보다 더욱 심한지라. 이 악한 시대가 또한 그와 같으리라 하셨다[마 12:43~45].

또 말시대에는 세상을 피로 채울 세대이다. 유태인들이 일찍이 선지자의 피와 성도들의 피와 하나님의 독생자의 피를 흘린 고로 피는 피로 갚을 것이다. 주께서 말씀하시기를 지상에 의인들의 피를 흘린 죄를 갚으실 것이니, 의인 아벨의 피를 흘린 죄로부터 선지자 사가랴의 피를 흘린 죄가 다 이 시대로 돌아가리라 하셨다[마 23:35~36].

그런고로 이때에는 달이 핏빛이 되고 바닷물이 핏빛이 되고 사람의 피가 흘러서 깊이가 말굴레까지 올라오게 되고, 길이가 로마 이수里數로 1,600리가 될 것이다[묵 6:12, 8:7, 16:3~4, 6, 14:20].

이 7년 대환난시대에는 말세 인류가 거의 전멸 상태에 이르게 될 것이다. 말세 인류가 17억이라고 가정하면 묵시록 6장 8절을 본즉, 그 수의 4분지 1이 죽고 그 남은 수 12억 7천5백만 명에서 또 묵시록 9장 18절을 본즉, 그 수의 3분지 1이 죽을 것이니 그 남은 수 8억 5천만 명에 불과하고, 또 이사야 6장 13절을 보면 그 남은 수 10분지 1이라도 오히려 멸망하였고, 밤나무와 상수리나무를 베어도 그 그루터기는 남아 있는 것 같이 오히려 거룩한 자손이 이 땅에서 근본이 되리라 하였으니, 유태 민족은 세계 인류의 대표자이다. 이로써 미루어 보건대 7년 대환난 끝에 천년안식세계에 육신을 가지고 들어갈 의인은 17억 중

1~2억 명의 비례比例에 불과할 것 같으니, 참으로 두려운 일이 아닐 수 없다.

## 4. 전 삼년반

(1) 그리스도

교회가 승천할 때에는 세상에도 적그리스도가 나타날 것이니, 참 그리스도 예수는 공중 천계天界에 나타날 것이요 적그리스도는 물질세계에 나타나서 세상을 다스릴 것이다. 성경에 열 뿔 가진 짐승이 장래세계에 나타날 것을 기록한 것은 10각, 즉 열 나라 권세를 잡고 세상을 주장할 것이 적그리스도를 예시한 것이다[단 7:7~8; 묵 13; 단 7:24].

이 위에서도 말한 바와 같이 그림자가 있으면 실체가 존재한 것을 알 수 있는 것이니, 참 그리스도 그림자로 주전 1458년 구약시대의 그리스도 모세가 나셨으며, 적그리스도의 그림자로 주전 171년에 안티오쿠스 에피파네스가 태어났다. 이는 헬라국 왕으로서 이상스럽게도 그 명자名字(이름 글자)가 헬라 본음으로 십자十字 음이었고, 당세의 천하를 통일하고 크게 정치적 세력을 잡았었다. 저의 극도의 권세는 그로 하여금 자고자만自高自慢하게 해서 여호와 하나님이 계신 줄을 알면서도 예루살렘 성전을 더럽히며 6년 간 성도들을 핍박하였다. 이것은 말일에 열 나라 권병權柄(권력)을 잡고 세상을 주장할 인군, 즉 적그리스도가 일어날 예표豫表(예언을 미리 보여 주는 표식)였다.

참 그리스도 예수는 참 하나님이시요, 참 사람이신 것처럼 적그리스도 역시 꼭 악마요, 꼭 사람인 것이다. 그리스도가 도성인신道成人身한(말씀이 육신이 되어 오신) 것처럼 적그리스도는 마성인신魔成人身(마귀가 육신이 되어 오심)으로써 세상에 출생할 것이다. 이 적그리스도가 일어나서 7년 대환난 시에 유다 왕으로 세상을 주장하며 성도를 박해하는 동시에 망자존대妄自尊大하여(앞뒤 아무런 생각도 없이 함부로 잘난 체하여) 하나님의 위에 스스로 앉고서 기사 이적으로 모든 인류의 정신을 혼미 교란케 하려고 별별 수단을 써가면서 택함을 받은 신도까지라도 미혹할 수만 있으면 유인하려고 할 것이니, 참으로 위험한 시대가 될 것이다.

이 적그리스도가 나타나는 것은 참 그리스도 예수께서 출생하신 후 30년 동안 준비하였다가 3년 동안 활동하신 것과 같이 이 적그리스도 7년 대환난 전에 부정모혈父精母血로(아버지의 정수와 어머니의 피를 물려받아) 인간계에 잉태하여 출생 후 몇십 년 동안 준비시대로 있다가 7년 대환난 시작에 출현할 것이다.

## (2) 두 증인이 나타남

7년 환난 시에는 지상에 교회가 존재치 아니하고 승천하였으므로 특별 전도자가 있어야 할 것이다. 그리하여 7년 대환난 전 삼년반 동안에 두 증인이 나타나서 구원의 복음을 전할 것이다. 하나님께서는 공의로우시며 대자대비하신 사랑이시므로 무비無比의(비할 데가 없는) 대권을 잡은 사탄의 가혹한 7년 대환난시대에 인류를 그대로 멸망에 내어버려 두지 아니하사 두 증인을 파송하여 복음을 전하게 할 것이 분명하다. 이 두 증인은 복음을 위하여 희생적 노력을 다하다가 마침내 적그리스도에게 잡혀 죽을 것이나, 그러나 이 두 증인은 후 삼년반 첫날에 부활할 것이다[묵 11:3~13].

그러면 이 두 증인은 누구일 것인가? 모세와 엘리야 두 선지자라고 볼 수 있다. 꼭 모세와 엘리야 자신은 아닐지라도 두 선지의 성격과 사명을 가진 두 사람이 나타날 것이다. 왜 그런고 하니,

첫째, 모세는 유태인의 중보가 된 고로 구원 얻을 유태인을 대표하여 올 것이며, 엘리야는 반半유태, 반半이방인이 된 북국 이스라엘의 선지자인 까닭에 구원받을 반半유

태, 반半이방인이 된 신부, 즉 교회를 대표해서 올 것이다.

둘째, 모세는 죽었다가 부활한 선지자가 된 고로 부활할 교회의 대표이며[신 34:5; 마 27:52; 고전 15:52; 살전 4:16], 엘리야는 육신으로 승천하였으므로 육신으로 승천할 교회의 대표이다[왕하 2:11; 고전 15; 살전 4:16].

셋째, 예수 당시에 예수께서 세 제자를 데리고 변화산에 올라가셨을 때에 모세와 엘리야를 만나신 것은 7년 대환난시대에 두 선지자와 같은 두 증인을 보내어 전도하게 할 것을 세 제자에게 예시하신 것이며, 또 구원하실 성업盛業이 완성되어가는 신의 경륜이 최말기最末期(가장 마지막 때) 된 고로 구원 얻을 유태인을 보호하고 이방교회를 확장시키시는 신권의 최종적 활동이 말세에 있을 것을 깊이 예시하신 것이다[마 17:3].

넷째, 두 증인이 행할 이적은 모세와 엘리야가 행한 이적과 상사相似한(서로 비슷한) 것을 보아서 모세와 엘리야가 이 대환난시대에 나와서 복음의 증인이 되리라고 해석할 수도 있다[묵 11:6].

위의 해석과 같이 두 증인을 모세와 엘리야라고 하면 묵시록 11장 7~11절을 해석하기 곤란하다. 왜 그런고 하니, 모세는 이미 죽은 몸으로써 부활한 몸이요, 엘리야는 육신으로 변화한 몸인즉 다시 죽었다가 부활하여 온다고 하기는 어렵기 때문이다. 그러나 예수께서 세례 요한을 가리켜 엘리야라고 말씀하셨는데 세례 요한은 요한이요, 옛날 엘리야는 아니다. 그러나 요한의 심성과 재능과 역할이 엘리야와 상사함을 의미하는 것과 같이 7년 대환난시대에도 모세와 엘리야의 성격과 사명을 가진 두 증인이 나타날 것이라고 보는 것이 타당하다[마 11:14; 눅 1:17].

## (3) 7년 대환난에 떨어진 다섯 처녀

7년 대환난시대에 나타날 두 증인은 모세와 엘리야와 방불彷彿한(거의 비슷한) 성격을 가지고 육신을 입고 완전한 인간으로 올 것이 사실인데, 이 두 증인이 와서 전도할 때에 신랑 예수를 연접延接하러 나아갔다가 등에 기름이 부족하여 혼인 연석에 참여치 못하고 환난시대에 떨어진 교회가[마 25:11~12] 이 시대에 회개하고 주를 힘있게 증거함으로 적그리스도에게 잡혀 순교하다가 7년 대환난 끝에 주께서 다시 만왕의 왕으로 지상 재림하실 때에는 유태인 14만4천인과 같이 부활하여 구원을 얻을 것이니, 이 무리는 일찍 주를 믿고 주께서 신랑으로 오실 때에 연접하러 나아갔던 자들인 까닭이다. "마음으로 믿고 입으로 부르면 구원을 얻으리라" 하신 말씀이 성경에 명백히 기록되어 있음을[롬 10:10] 보면, 미련한 다섯 처녀도 주를 믿을 뿐 아니라 주를 연접하려고 나아가기까지는 하였던 자들인데[마 25:1], 오직 등에 기름, 곧 성신의 경험만이 부족하여서 음부 같은 대환난에 떨어져서 많은 고통에 연단을 받게 될 것이나 이 두 증인의 경고를 듣고 심히 통회해서 열심으로 증거하다가 필경에 적그리스도 무리에게 잡혀 순교 될 것이다[묵 11:7~8].

그러나 7년 대환난에 떨어진 교회에 세 가지 애석한 일이 있을 것이니, 1왈ᄐᆡ, 대환난 중에 무쌍無雙한(견줄 데 없는) 고통을 받은 것이요, 2왈 사망의 쓰라린 고민을 당할 것이며, 3왈 신부의 영광스러운 위에서 종의 자리에 떨어질 것이다. 그러므로 금일 우리 신자들은 근신하고 깨어 미련한 다섯 처녀와 같이 되지 말 것이다.

이 7년 대환난시대에는 혹독한 핍박의 시대가 될 것이다. 예수를 신봉하는 눈치만 보이면 적그리스도의 손에 잔살殘殺(잔인하게 죽임)을 면하지 못할 것이므로 이때에는 숨은 교인이 많을 것이다[묵 6:9].

이스라엘 아합왕 시에 하나님의 선지자들과 하나님의 백성을 학살함으로 모든 백성은 다 바알 신에게로 돌아가는 것을 본 엘리야의 눈에는 하나님을 봉사하는 자는 자기 1인 밖에 없는 줄로 알고 고독하고 고로苦勞함(괴로움과 수고로움)을 이기지 못하여 하나님께 호소하였었다. 그러나 하나님께서는 바알 신에게 무릎을 꿇지 아니한 신자 7천 명을 남겨 두셨다[왕상 19:18; 롬 11:2~4]. 이것은 과거의 역사 사실이요, 또한 장래 7년 대환난시대에 숨은 교회가 있을 것을 예시하는 일도 될 수 있다.

혹자는 말하되 신앙을 은닉한다고 하면 어찌 믿는다고 할 수 있으며, 또 숨어서 구구히 믿는 것보다 차라리 순교하는 것이 좋지 아니하냐고 한다. 그러나 어떤 환경과 특수한 사정에 의하여 그 신앙을 나타내지 못하나 도리어 믿음을 자랑하는 신자보다 아름다운 신자를 왕왕 볼 수 있다.

저자는 일찍 이러한 숨은 신자를 본 일이 있다. 내가 장로 겸 조사로 있을 때인데 평양 사창동에 한의漢醫 강 씨란 사람이 있어 예수교를 극히 반대하여 물론 예배당에 나와 본 일이 없었다. 그는 행인지 불행인지 반신불수병에 걸려 6~7삭朔(개월) 간 병상에서 신음하는 중 자기 죄악을 깊이 통회하고 예수를 신앙하였으나 교회에서는 그가 신자 된 줄을 아는 이 없었다. 그러나 그는 병석에서 한문 신약성경을 읽기 시작하여 성경책을 벽에 걸고 드러누워서 수십 회 통독하는 동안에 벽면 향해 누운 둔부臀部(엉덩이)의 피부가 물커져서(너무 무르거나 눌려 헤어져서) 소기瘡氣(종기) 나도록 열독하여 기독교 진리를 투득透得하였다(막힘없이 환하게 깨달았다).

그래서 예수교 핍박자이던 그는 회개와 감사의 눈물로 베개를 적시는 중 성신의 충만함을 받아 깊이 영교靈交(영적 교류) 생활에 들어갔다. 하루는 3일 후에 별세할 묵시를 받고, 제3일 아침에는 향수로 목욕하고 새 의복을 갈아입고 동자를 보내어 나를 청래請來함(청하여 오게함)으로 나는 전일의 핍박자가 기독교 교사인 나를 청함을 이상히 여기어 동자에게 이유를 물은즉 강 선생이 병석에서 입신한 일을 말한다. 내가 일경일희一驚一喜하여(한편으로 놀라고 한편으로 기뻐하여) 그의 방에 방문하였을 때에는 벌써 그의 처자들이 둘러앉아 영결하려는 엄숙 또 비창悲愴한(슬픈) 자리었고, 저의 얼굴에는 영열靈悅(영적인 기쁨)의 광채가 떠돌았다. 강 의생醫生은 전일 핍박 받던 내 손을 붙잡고 "저는 병 중에 영생을 얻었습니다"라고 언미필言未畢(하던 말이 채 끝나기 전)에 뜨거운 눈물이 비 오듯 하였다. 그래서 나는 그로 더불어 성경 진리로 문답하며 권위勸慰하는(권면하고 위로하는) 중에 저에게서 보기 드문 아름다운 신앙을 발견하고 하나님의 은혜다운 경륜을 감지하여 숨은 보배를 발견함을 감사하였다[마 13:44].

나는 숨은 신에 대한 기이한 느낌과 감사로 저를 작별할 때에 저는 내 손을 잡고 "후일 천당에서 반가이 만납시다. 나는 금일 12시에 이 세상을 떠나겠습니다" 말하였다.

이 순간의 신비로운 인상은 길이 잊을 수 없다. 내가 문밖으로 나오자 동자는 뒤쫓아 나와서 강 의생의 임종을 고하는지라. 다시 들어가서 그의 눈을 감기고 시계를 내어 본즉 바로 12시 정각이었다.

나는 이런 숨은 신자를 많이 발견하였다. 창조주 하나님의 오묘한 구원의 경륜을 가히 측량할 수 없다. 천사들도 모를 것이다. 그래서 나는 이런 숨은 신자를 볼 때마다 7년 대환난시대에 숨은 신자가 얼마나 있을지 다 헤아려 알기 어려울 것이라고 생각한다. 이 7년 대환난시대에 구원 얻을 유태인의 수는 구약시대에 믿지 아니하고 망한 자의 수보다 많을 것이다[창 12:5]. 유태인의 대표로 구원의 인을 맞은 자의 수가 14만4천인이요, 그 외에도 구원 얻을 숨은 신자가 무한히 많을 것이다[묵 7장].

## 5. 후 삼년반 - 천사의 전도

이때에는 전 삼년반에 적그리스도에게 잡혀 순교한 두 증인이 부소復甦하여(다시 소생하여) 후 삼년반 첫날에 승천할 것이다. 그러므로 복음을 전할 사람이 전혀 없어질 것이다. 신자의 모양만 나타나도 잡아 죽이는 세대에 누가 능히 복음을 증거할 수 있으랴. 그런고로 이때에는 하나님께서 천사를 보내어 전도할 것이다.

요한 사도가 묵시를 처음 볼 때에는 독수리가 날아가면서 크게 소리하여 가로되 "화가 있을진저 화가 있을지어다. 세 천사의 불 나팔 소리가 아직 남아있다" 함을 보고 들었으며[묵 8:13], 그 후에 볼 때에는 천사가 공중에 날아가면서 영원한 복음을 가지고 땅에 사는 사람들에게 전하고자 하니, 곧 여러 나라와 족속과 지방과 백성이라. 그 천사가 크게 소리하여 가로되 "하나님을 두려워하며 영광을 돌릴지어다. 대개 심판할 때가 이르렀으니 하늘과 땅과 및 바다와 여러 샘을 지으신 자를 경배하라"[묵 14:6~7] 함을 보았다.

이 묵시 말씀에 대하여 혹이 말하되, "천계天界와 인계人界가 현격한데 천사가 어찌 전도할 수 있겠느냐"고 질문할 것이다. 그러나 예수 탄생의 희소식을 전하는 베들레헴 천사의 고지도 일종의 전도이며, 말세에 공중에서 경고하는 천사의 소리도 역시 일종의 전도인 것이다.

천사의 직접 전도 외에도 비행기 상에서 전도지를 뿌리든지 어떤 기계 장치를 통하여 큰 소리로 말세의 경고를 발하게 되면, 이도 요한이 2천 년 전에 본 바 독수리 같은 이상異像이 나타난 것의 일종 방편으로 볼 수 있다. 환난 시대에 세상이 너무 악하여 전도자를 보내는 대로 잡아 죽이는 고로 지상 전도가 극난할 것이니 비행기 전도가 필요하게 될 것이요, 또는 시일이 급함으로 비행기를 사용하여 말세의 경고를 선포할 필요가 있을 것이다. 하여간 공중 전도는 말세에 나타날 일인즉, 요한이 본 바 이상이 반드시 비행기 전도라 함은 아니로되 비행기 전도가 묵시의 이상에 응하는 일종 형상에 근사한 것은 사실이다. 그러나 이는 묵시 이상에 근사한 예에 불과함이요, 비행기 이상 기이한 능력으로 공중에서 전도하는 일이 말세에 나타날 것이니 이를 천사 전도라 하노라.

천사로 전도하게 한다는 데 대하여 우리는 하나님의 7종 전도 방침에 대하여 전도의 오묘를 볼 수 있다.

(1) 창조시대에는 성부께서 에덴동산에서 아담과 하와에게 직접 전도하셨고[창 2:16, 17]
(2) 구약시대에는 선지자들로 전도하게 하셨고[히 1:1]
(3) 예수시대에는 성자께서 전도하셨고[눅 4:18, 19]
(4) 사도시대에는 성신께서 전도하셨고[행 2:4; 히 2:4]
(5) 교회시대에는 제자들로 전도케 하셨고[막 16:15]
(6) 7년 대환난 전 삼년반에는 두 증인이 전도할 것이며 [묵 11:3~7]
(7) 후 삼년반에는 천사로 전도케 하실 터이다[묵 8:13, 14:6~7].

이 천사 전도는 하나님께서 세상에 보내시는 최후통첩이다. 그 후부터는 다른 전도 방침이 쓸데없고 그리스도께서 오시어서 심판하실 것뿐이다[묵 19:11~16].

『신앙생활』 1936년 제5권 제5호

# 제8장 7년 대환난에 교회가 참가되지 않을 증거

## 1. 야곱의 환난이라 함으로 증거

예레미야 30장 7절에 "슬프다 그날은 커서 더불어 비길 날이 없나니, 이는 야곱의 환난患難의 때라. 그러나 저가 여기에서 구원하여 내시리라" 하셨으니, 이 야곱의 환난이란 유태의 멸망을 가리키는 동시에 7년 대환난을 예언한 것이다. 그런데 하나님께서 이스라엘 백성을 중요시하시는 것보다도 주님의 신부이신 교회를 더욱 중요시하시는 것이다. 만일 7년 대환난에 교회가 참가될 것이면 야곱의 환난이라 하지 아니하고 신부의 환난이라든지 달리 말할 것이거늘, 특히 야곱의 환난이라 한 것은 이스라엘 사람들이 받을 환난을 지목하신 것이 분명하다.

야곱은 이스라엘 12지파의 조상으로 성경 여러 곳에서 야곱의 후예, 곧 전 이스라엘 민족을 가리키는 대명사로 쓰여있다. 그러면 이 7년 대환난을 어찌하여 이스라엘 민족이 받을 것이며, 왜 야곱의 환난이라고 하였는가? 그것은 이스라엘 사람이 하나님의 독생자 예수를 죽인 까닭이며, 또한 7년 대환난 시기에는 이 민족이 전 세계를 지배할 큰 세력을 잡게 될 까닭이다. 그리하여 신부된 교회가 7년 대환난 시작될 초기에 신랑으로 오시는 예수를 영접하여 공중혼인 연석으로 승천하고 그 후부터는 유태 민족의 시대가 될 것이다. 그러므로 야곱의 환난이라고 할 것이다.

## 2. 유태인들이 그리스도를 못 박고 강도를 놓아줌으로 증거

유태 총독 빌라도가 예수를 심판할 때는 유태인의 3대 절기 중 첫째 되는 유월절이었다. 이 절기에는 군중의 소원대로 사형수 중 1인을 놓아주는 전례가 있음으로 빌라도는 법정에 가득 찬 군중에게 "강도 바나바와 예수 이 두 사람 중에 누구를 놓아주기를 원하는가"라고 물어보았다. 그때에 유태인들은 강도를 놓아주고 예수를 십자가에 못 박아 달라고 고함을 쳤다.

그러면 그리스도를 버리고 강도의 편을 든 유태인들이 강도와 같은 적그리스도의 압제인 7년 대환난의 혹심 酷甚한(매우 심한) 보응을 받는 것이 당연한 인과요, 그리스도를 사랑하는 신부 된 교회는 강도, 곧 적그리스도의 종 된 유태인과 같이 말일의 환난에 참여치 아니할 것이다[마

27:17].

## 3. 유태인들이 가이사를 자기의 인군이라 함으로 증거

빌라도는 예수를 사형할 악의는 없었으나 공의에 대한 용기가 없어 오직 군중의 소동을 두려워한 나머지 유태인을 비소誹笑하는(비웃는) 태도로 발악하는 군중을 향하여 "내가 너희 왕을 십자가에 못 박아주랴" 하니, 저들 중에 특히 유태인의 대표자인 제사장들이 "가이사 밖에는 우리의 인군이 없다"고 대답하였다.

유태의 적 가이사는 적그리스도의 그림자로 생각하는 동시에 7년 대환난은 가이사와 같은 적그리스도의 압제를 받는 시대라고 해석하는 나는 자기의 적 가이사를 자기의 인군人君이라고 자증自證한(스스로 증명한) 유태인들이 가이사, 곧 적그리스도의 환난을 받는 것은 당연한 일이요, 교회를 대표한 사도들은 유태의 적 가이사를 자기의 왕으로 받든 것이 아니라 예수를 메시아로부터 만왕의 왕으로 신봉하였으니 가이사적 적그리스도의 환난은 교회가 받지 아니할 것이 분명하다[요 19:15].

## 4. 노아의 방주로 증거

노아는 죄악이 관영貫盈하여(가득 차서) 홍수의 심판을 면할 수 없는 시대에 출생하였다. 하나님의 공의로우신 심판의 경고를 받고 지시하신 대로 방주를 지으며 의를 천하에 선포하였으나 방주에 들어가 구원 얻은 자는 노아의 가족 8인뿐이요, 그 나머지의 인류는 전멸하였다.

이를 다못(다만) 구약 역사로만 볼 것이 아니라 구약의 역사는 신약에 응하며 미래를 보여주는 예언이다. 예수의 말씀에 "노아의 말과 같이 인자의 임함도 또한 그러하리니"[마 24:37] 하신 것을 보면, 노아 홍수 때의 일은 반드시 주 재림 시의 형편과 같을 것을 예고하신 것이다. 그런즉 홍수의 재난은 7년 대환난의 그림자요, 교회는 하나님을 순종하는 노아의 식구와 같고 불신 인류는 노아 때 심판받은 인류와 같은 것이니, 방주 곧 예수 안에 있는 신자는 홍수 같은 7년 대환난에 참여하지 않을 것이 분명하다[창 6:17~7:24].

## 5. 애굽의 재앙과 고센의 희락으로 증거

하나님의 선민 이스라엘 민족에게 가혹한 고역을 시키고 무쌍한 학대를 가하는 애굽에 대하여 하나님은 징치懲治(징계하여 다스림)하지 않을 수 없고 세계 구원을 위하여 세우신 선민을 그 손에서 건져 내시지 않을 수 없었다. 그래서 하나님께서 열 가지 재앙을 애굽 왕 바로와 애굽 전국에 내리었다. 이 중 세 번째 재앙까지는 이스라엘 민족이 거주하는 고센에도 미쳤으나, 그 후 일곱 번째 재앙은 이스라엘민에게 조금도 미치지 아니하였다.

열 재앙도 말일 환난의 예표豫表가 되는 것이니 고센의 이스라엘은 교회이다. 그러면 교회도 첫 번 세 가지 재앙은 받을 것이나, 이는 마치 산모가 해산할 때에 먼저 행고幸苦(행복한 고통)를 맛보는 것과 같이 교회도 승천하기 전에 여간 환난을 당할 형편도 불무不無하나(없지 않으나) 혹심한 환난은 당하지 아니할 것이다. 다시 말하면 고센의 이스라엘 같은 교회는 애굽의 열 가지 재앙 같은 7년 환난을 면할 것이 분명하다. 애굽 전토全土에는 재난의 고통이 극하되 고센에는 유월절 잔치의 기쁨이 있었나니, 세상은 대환난에 울 것이나 교회는 혼인 자리에서 찬송을 부를 것이다 [출 8:22, 11:10].

## 6. 바벨론 왕 느부갓네살이 7년간 실성함으로 증거

바벨론은 당세의 대국이요, 그 왕 느부갓네살은 만고의 영걸인 바 인류를 대표하는 인물이라 칭하여도 과언이 아니다. 그런데 이 왕이 교만하여 7년간 실성하여 소와 같이 황야에서 풀 뜯어 먹으면서 야수처럼 살다가 7년 만에 정신이 회복되어 다시 왕위에 올랐다. 이 일은 우연히 된 일이 아니요, 하나님의 예언에 응하여 된 일인 마치, 이 역사 사실에는 감추인 교훈과 예시가 있다고 본다. 교회는 우주의 핵심이요, 인류의 지남침指南針(나침반)이다. 교회가 있어 세계는 그 의지할 바 중추가 서는 것이요, 인간은 도덕률의 정오正誤(옳고 그름)를 가리게 되는 것이다. 7년 환난시대에 환난 중 환난은 재앙보다 중추와 지침인 교회를 잃어버리는 것이 최대 환난이다. 교회가 승천하여 땅 위에 없는지라. 세계는 정신 잃은 느부갓네살 왕과 같이 하나님의 진리의 기갈이 심하고 적그리스도의 거짓 이치로 사는 것이 풀 먹는 야수와 같은 느부갓네살의 실성 생활이다. 그러면 인류의 대표 느부갓네살의 7년 실진失眞(실성, 제정신을 잃은) 생활은 장차 세상이 7년간 교회 잃어버린 환난시대와 같다 함이다.

성경 해석가 중에 교회도 7년 환난 중 전 삼년반에는 참여한다고 말하는 자가 간혹 있다. 그러나 느부갓네살 왕의 역사를 미루어 보면 이 왕이 3년 반만 실진하지 아니하고 전 7년간 실진하였으니, 이 세상도 3년 반만 그 정신인 교회를 잃을 것이 아니라 전후 7년간 교회를 잃을 것이다. 고로 교회는 전 삼년반 환난에도 참여되지 않을 것이다[단 4:32~36].

## 7. 대환난시대에 세상에 우상이 편만함으로 증거

묵시록 9장 20~21절에 "이 재앙에 죽지 않고 남은 사람은 그 손으로 행하는 일을 회개치 아니하고 여러 마귀와 및 금은동과 목석으로 제조하여 능히 보지도 못하고 듣지도 못하고 행치도 못하는 우상에게 절하고 또 그 살인과 복술과 음행과 도적질을 회개치 아니하더라" 하신 것은 대환난시대에 사교와 우상이 편만할 것을 예언하신 것이다. 광光이 있는 곳에 암暗이 있을 수 없는 것처럼 기독교 있는 곳에 사신邪神 우상은 폐지된다. 지금도 기독교국인 구미 제국諸國에 사신 우상이 적은 것을 볼 수 있다. 만일 전 삼년반까지 교회가 세상에 있다면 사교가 편만치 못할 것이나, 교회가 7년 대환난에 참여되지 않고 승천하였으므로 이때에 우상 종교가 성행할 것이요, 숨은 교인만 남아 있어 주 예수의 재림을 고대할 것이요, 나타난 교회는 없을 것이다.

## 8. 의인과 선지자와 하나님의 아들 예수의 피를 흘린 자가 유태인이므로 증거

유태인들이 하나님의 아들 예수를 십자가에 못 박아 죽이기로 결정할 때에 빌라도는 예수가 무죄한 줄 알고 "물을 취하여 무리 앞에서 손을 씻어 가로되, 이 의인의 피를 흘림이 내 죄는 아니니 너희들이 당하라" 한대, 백성이 다 대답하되 그 피를 우리와 우리 자손에게 돌릴지어다" 하였다[마 27:24~25].

"예수께서 말씀하시기를 땅 위에 의인의 피를 흘린 죄가 다 너희들에게로 돌아가리니, 의인 아벨의 피로부터 성전과 제단 사이에서 바라갸의 아들 사가랴의 피까지니라. 내가 진실로 너희에게 이르노니, 이 일이 다 이 세대에 돌아가리라"[마 23:35~36].

이상 성경 말씀에 의하여 보면 유태인의 받을 형벌이 막대할 것이다. 의와 진리가 떠나가고, 영휼悟恤(불쌍히 여김)과 사랑이 떠난 이 세상에는 죄와 악이 극성하고 인간 사회에는 공전절후空前絶後(전무후무)의 참극이 계속될 것이니 이것이 7년 대환난이요, 이 환난에는 의인과 선지자와 하나님의 독생자를 죽인 대 죄악을 범한 유태인이 큰 재벌災罰(재앙과 벌)을 받을 것이다. 이때는 유태인이 지배하는 시대인 만큼 그 지배를 받는 이방인까지도 같은 고난에 참여할 것이다. 예수의 피를 흘린 유태인이 7년 대환난의 주인이 될 것은 당연한 일이요, 그리스도의 사랑하는 신부 된 교회는 예수 살해자 유태인이 받을 환난에 동참할 이치가 없을 뿐 아니라 천계 혼인 연석에서 영광과 즐거움을 누릴 것이다[마 27:24, 23:35].

## 9. 애굽의 7년 흉년으로 증거

창세기 41장에 보면 요셉이 애굽 총리대신 되었을 때에 애굽에 7년 대흉년이 있었으니, 이도 7년 대환난의 예표되는 사건이다. 7년 대환난의 환난됨이 육신의 기근보다 영의 기근이라고 아모스는 말하지 아니하였는가.

"주 여호와의 말씀이 볼지어다. 날이 이르매 내가 기근을 이 땅에 보내리니, 양식이 없어 기근이 아니요 물이 없어서 갈한 것이 아니라 여호와의 말씀을 듣지 못한 것이 기근이니라. 사람이 유리하여 이 바다로부터 저 바다까지 이를 것이요, 북으로부터 동에 이르러 왕래하면서 분주히 여호와의 말씀을 구하되 얻지 못하리니"[암 8:11~12].

이 기근이야말로 애굽의 7년 흉년보다 무서운 말세의 기근이요, 환난 중 환난이다. 7년 환난시대에 있을 환난이다. 만일 하나님의 말씀을 맡은 교회가 지상에 있으면 어찌 이런 영적 기근을 당하겠는가. 교회가 7년 환난에 참여되지 않고 들려 올라간 고로 세상에는 영적 대기근이 이른 것이다.

## 10. 죄인과 의인을 같이 벌하지 아니하시는 하나님의 공의로 증거

진곡眞穀(알곡)을 위하여 가라지는 둘지언정 가라지를 뽑으려고 진곡을 뽑지 아니하시는 하나님은 의인을 위하여 죄인은 살려두지만 죄인을 벌하기 위하여 의인까지 벌하시지 아니하신다.

하나님께서 소돔, 고모라를 멸하려 하실 때에 아브라함의 기도를 허락하사 소돔 성 중에 의인 10명만 있어도 멸하지 아니하시겠다고 하시었다. 그러나 의인 열 사람이 없어 소돔을 멸하실 때에도 오히려 의인 노아의 식구는 그 처妻 외에 다 구원하시었다. 만일 전 삼년반에 교회가 세상에 있다 하면 몇억만의 의인이 땅 위에 있어 죄인과 같이 환난의 벌을 받지 않으면 아니 될 것이다. 소돔 성에서 노아 식구를 먼저 불러낸 뒤에 멸망의 불을 내리신 하나님이 최극最極의(가장 심한) 7년 대환난의 벌을 교회에 더하지 아니할 것이니, 교회는 전 삼년반 환난에는 참여되지 않을 것이다[창 18:28~32].

## 11. 예루살렘 멸망으로 증거

마태복음 24장에 기록된 말세의 재난에 관한 예수의 예언은 7년 대환난을 예언하신 것이요, 가까이 임할 예루살렘의 멸망도 예고하여 주신 것이다.

로마 베스파시아누스 황제가 그 아들 티투스 장군을 보내어 예루살렘 독립군을 공벌攻伐(공격하여 정벌)할 새, 예루살렘 성은 주후 70년 유월절에 함락되어 유태인 참살자 110만이요, 노예로 팔린 자 9만7천 인이었다. 유세비우스 Eusebius of Caesarea의 신앙사에 의하면 이때에 주의 교회는 주의 계시를 받아 전쟁 나기 전에 베리아 북부 펠라, 지금의 일니에 이거移居하여 무서운 환난을 받지 아니하였다.

이렇게 예루살렘 멸망 중에도 당신의 교회를 순교 이외 세상 환난에 두지 아니하신 주님은 당신의 교회를 7년 대환난 중에 두시지 않을 것이 분명하다.


## 12. 교회가 승천한 후 전 삼년반, 후 삼년반이 분명함으로 증거[선생이 12조 중 1조를 말씀치 아니하였으므로 본 조는 인서麟瑞 보補함(김인서가 보충함)]

묵시록 12장에 여인이 남아를 해산하니 낳은 남아가 승천하였다 하였으니 해산한 아해는 참 신자요, 참 교회를 의미함이니 부활할 교회와 변화할 교회를 지시한 것이다. 그러면 여인이 해산한 남아가 승천한 후 1,260일을 지냈으니, 이는 즉 전 삼년반이다[묵 12:1~6].

또 그 뒤에 여인이 광야에 나아가서 뱀의 낯을 피하여 거기서 한 때와 두 때와 반 때를 양육을 받았다 하였으나, 유태 관례에 한 때는 1년이니 이는 3년 반, 즉 후 삼년반이 분명하다[묵 12:14]. 그런즉 해산한 아해, 즉 참 신자,

참 교회가 승천한 후에 7년 환患이 있을 것이 분명하다.

인서麟瑞(김인서) 주註 왈 "여러 주석에 여인을 교회라 하였으니 여인이 교회일 것 같으면 여인, 즉 교회는 전후 양 삼년 반에 다 참여되어 있다. 이에 대한 해석을 선생에게 듣지 못하여 밝힐 수 없다. 그러나 아해, 즉 승천할 참 교회란 선생의 해석에 의하여 생각건대 선생은 아마 여인을 유태교나 혹 환난에 떨어진 불완전한 교회로 보신 것 같다."

『신앙생활』 1936년 제5권 제6호

# 제9장  그리스도의 지상 재림

## 1. 주 재림 시 형편

묵시록 6장 12~17절과 유다서 14절을 보면 이때에는 큰 지진이 나며, 해가 총담같이 검어지고, 온 달이 피같이 되며, 하늘 별이 땅에 떨어지는 것이 무화과나무가 대풍大風에 흔들려서 선 과실이 떨어지는 것과 같으며, 종이 축이 말리는 것 같이 하늘이 옮겨가고, 모든 산악과 섬들이 그 위치에서 옮기매, 또 땅에 인군들과 왕후들과 장군들과 부자들과 권세 잡은 자들과 모든 종과 자주하는 자들이 굴과 산 바위 틈에 숨어 산과 바위를 불러 가로되 "우리 위에 떨어져 가리워 보좌에 앉으신 이의 낯과 어린 양의 진노하신 것을 피하게 하라. 저의 진노하신 큰 날이 이미 이르매 누가 능히 서리오" 할 것이니, 주 그리스도 예수께서 이같이 무섭고 떨리는 위엄과 권세로 유태국 감람산까지 누만屢萬(아주 많은 수) 명 성인과 같이 오실 것이라 하였으니 이것이 주 재림 시 정경이다.

이날을 여러 모양으로 가리켰으니, '주의 날'[벧후 3:10], '하나님의 날'[벧후 3:12], '주 나타나시는 날'[약 5:7], '주가 나타나 강림하시는 날'[요1 2:28], '여호와의 날'[욜 3:14], '피 묻은 옷을 입고 오시는 날'[사 63:1~3; 묵 19:13~16]이라고 불렀다.

이날에는 구약시대에 메시아를 믿고 하나님을 봉사하다가 세상을 떠난 경건한 유태인들과 주 예수를 믿고 환난 중에 증거하다가 순교한 자들, 12지파를 대표한, 즉 12반은 부활하여 승천할 것이요, 신부 된 교회를 대표한 12사도, 즉 12반은 주를 따라 내려올 것이다. 그런즉 오를 반도 12반, 내릴 반도 12반을 합하니 24반이다.

다윗 왕이 제사장 24반을 조직하여 반 차례대로 성전에서 하나님을 봉사케 하였고, 또 찬양대도 24반을 택하여 하나님을 찬송케 하였으니[대상 24:1~19, 25:6~31], 이는 주의 날에 오를 반 12반과 내릴 반 12반에 응하게 되는 일이다. 24반에 대하여 조선 고속古俗(오래된 옛 풍속)에 부합하는 것이 있다. 저자가 신구약성경에 나타난 유태 풍속과 조선 풍속이 상사相似한(서로 비슷한) 것 백여 종을 유취類聚하여(종류를 따라 모아서) 보는 중 조선 토속 종교인 무녀가 굿할 때에 공수 지우는 소리와 굿거리 타령에 "오를 반도 열두 반, 내릴 반도 열두 반 합하니 스물네 반이 설설이 내려라" 하는 노래는 유태국으로 흘러들어온 소리인 듯하다.

조선 노래의 24반은 성경의 24반을 기억하기에 편한 점으로 일례를 들었거니와, 성경의 24반은 구원 얻을 자들이다. 묵시록 4장 4절에 보좌에 앉은 24장로는 구약에 구원 얻던 12지파와 신약에 구원 얻던 12사도를 대표한 것이다. 이때에 인 맞은 자 10만 4천 명이 구원 얻을 것인데 12지파 중에 단 지파와 에브라임 지파는 빠졌다. 단 지파가 빠진 이유는 야곱이 이스라엘 12지파를 축복할 때에 "단은 대로大路에 뱀이요, 소로小路에 독사라"고 하여, 단 지파에서 적그리스도 날 것을 예언하였기 때문이다[창 49:16]. 창세기에 단은 뱀이라고 말한 예언이 묵시록 24반에 빠진 것을 보면 성경 예언의 확실함을 나타낸다.

에브라임 지파가 빠진 것은 에브라임 지파에서 여로보암이 난 때문이라고 본다. 솔로몬 왕이 말년에 하나님 앞에 범죄함으로 하나님께서 실로 사람 아히야란 선지자를 보내어 요셉 족속의 감독이요 용사인 여로보암의 새 예복을 12분으로 뜯어 두 조각은 자기 손에 쥐고 열 조각은 여로보암에게 주면서 하나님의 말씀이 솔로몬이 내 앞에서 악을 행하였으매 그 손에서 10지파를 빼앗아 네게 주노니 너는 한 나라를 세우고 내 앞에서 율법과 법도를 지키라 하였으나, 여로보암이 왕이 된 뒤에 금송아지를 만

들어 우상 종교로 이스라엘 백성을 아주 타락시켰다[왕상 12:25~30, 11:26~40; 대하 11:15, 왕상 13:8]. 그러므로 에브라임 지파는 구원 얻는 14만4천인 중에서 빠지게 되었고, 그 대신으로 요셉 지파가 들어간 것이다. 이 요셉 지파가 들게 된 것은 야곱이 12지파를 축복할 때에 특별한 축복을 받았던 때문이다[창 49:22~26]. 특히 요셉은 이방 애굽에 봉사하던 자이므로 요셉 지파는 이방을 대표하여 12지파 중에 참여하지 못하다가 구원 얻는 14만4천인 중에 참여하게 된 것은 이방의 구원을 보여주는 것이다.

## 2. 이스라엘 심판

또한 이때에 신부 된 성도들은 구름을 타고 주님과 함께 유태 광야에 강림하여 12보좌에 앉아서 이스라엘 12지파를 심판하리니, 주께서는 심판장이 되시고 우리 신도들은 배심판사陪審判事가 될 것이다[마 19:28].

또 다른 성경을 보면 전능하신 여호와 말씀하사 "천하에 하나님이 온전히 아름다운 시온에서 빛을 발하셨도다. 우리 하나님이 임하사 정녕丁寧히(틀림없이) 잠잠하지 아니하시리니 그 앞에 불이 사르고 그 사방에 두루 광풍이 심하도다. 위 하늘에 조칙하시고 땅에 조칙하사 그 백성을 심판하시리로다. 이르시되 나의 성도를 내 앞에 모으라, 곧 제사로 나와 언약한 자로다. 대개 하늘이 공의를 보이리니 하나님은 친히 심판하실 자로다"[시 50:1~6; 겔 20:33~38] 하시었다.

## 3. 만국 심판

만왕의 왕으로 다시 강림하신 예수 그리스도는 공의로써 천하만국을 심판하실 것이니, "반드시 공의로써 가난한 자를 심판하시며 정직으로써 세상에 겸손한 자에게 판결하여 손의 막대기로 세상을 치시고 입술의 기운으로 악인을 죽이실 것이요"[사 11:4, 11~15], "열국이 스스로 고동하여 여호사밧 골짜기로 올라올 것이니 대개 내가 거기에 앉아 사면에 있는 열국을 다 심판하리라"[욜 3:11~15, 3:1~2; 마 13:14, 25:31~46].

## 4. 숨은 교인들

위에서 말한 숨은 교인들이 이때에 육신을 가지고 구원을 얻어 천년세계로 들어갈 터인데, 묵시록 12장 6절, 14~17절을 보면 하나님께서 환난시대에 피난처를 준비하여 거기서 교육시킨 교인들이다.

주註(김인서의 주) 왈 "8장 12조에서 묵시록 12장에 있는 여인은 불완전한 교회인 듯하다고 추가한 뜻이 본 설에 밝혀진다."

『신앙생활』 1936년 제5권 제7호

# 제10장 천년세계

## 1. 지상에 임할 천년세계

이 세계에는 예수 그리스도로 말미암아 평화의 천국이 임할 것이다. "이리가 어린 양으로 더불어 거하고 표범이 염소와 더불어 누울 것이고 송아지와 어린 사자와 살진 짐승이 다 함께 있으리니, 어린아이라도 그러하리라. 소와 곰이 함께 먹고 그 새끼가 함께 엎드리고 사자가 소처럼 풀을 먹고 젖 먹는 어린아이가 독사의 구멍에서 장난하고 젖 뗀 어린아이가 독사의 구멍에 손을 넣으리니, 내 거룩한 산 모든 곳에서 해함과 상함이 없으리라"[사 11:6~9] 하신 평화의 왕국이 임하리니, 이사야가 예언한 유토피아는 천년세계의 경상景狀(경치)이다. 이 시대에는 만물의 성질까지도 변화하여, 호표虎豹(호랑이와 표범), 사자 등 맹수가 온순하여지고, 조문蚤蚊(벼룩과 모기), 독균毒菌 등 못된 것들이 변하여질 것이다. 사람이 악하면 동물도 악하여지고, 사람이 선하면 동물도 감화感化되는 사실은 현세에서도 볼 수 있다.

하나님의 완전한 자녀들만 거주하는 천년세계에 악한 동물이나 독한 식물이 없을 것이다[사 55:12~13].

인간 본위의 현 세계에 진정한 평화가 있을 수가 없지만 신 본위의 천년세계는 평화의 낙원이 될 것이니, "물이 바다에 덮힘 같이 여호와를 아는 것이 세상에 충만하리로다"[사 11:9] 하신 말씀을 보면, 천년세계는 신 본위란 것보다 모든 하나님의 자녀들이 모두 신적 변화를 입어 하나님의 뜻 그대로 생활할 것이다. 육 본위의 현대 사회는 그만두고 하나님 중심의 생활을 표방하는 교회는 그리스도의 정신을 실현하였는가. 사람들이 교회를 보고 그리스도를 찾을 수 있으며 신자를 보고 하나님을 알 수 있게 되었는가. 오인吾人(우리) 신자는 반성할 필요가 있다.

하나님을 중심으로 한 곳에 분란이 있을 리가 없고, 그리스도의 사랑이 실현되는 곳에 살상이 없는 것이니, 묵시록 20장 2절, 이사야 11장 9절 등 성언聖言과 같이 하나님이 주인 되신 천년세계에는 그리스도의 사랑이 바다 물결처럼 넘쳐 악을 볼 수 없는 낙원이다. 하나님이 주인이 되신 곳에 마귀는 용납되지 못할 뿐 아니라 무저갱에 가두어서 해함과 상함이 도무지 없는 세계이다.

예수로 말미암아 하나님과 사람이 화목하고 사람과 사람이 화목하며 동물계도 화목하여져서 이사야가 예언한 것과 같이 어린 아해가 사자와 독사로 더불어 유희하는 만물 평화의 이상국이 실현될 수 있다. 저자가 일찍이 떠가지고 다니는 소동물원을 구경한 일이 있다. 그 동물원에는 큰 사자 한 마리가 있고, 12~3세 되는 소년이 그 큰 사자를 조종하는데, 소년이 일어나라 하면 사자는 일어나고 입을 벌리라 하고 입에 손을 넣되 물지 아니하며 입맞추자 하면 입맞추고, 또 씨름하면 사자는 제가 넘어지는 체하고 넘어진 뒤에 때려도 가만히 있어서 아무 반항이 없이 양보다도 양순함을 보고, 나는 다시금 이사야의 예언의 실현성은 더욱 가능한 것을 느꼈다. 물론 만물이 인공적으로 새롭게 된 것이 아니라 하나님의 손으로 이룰 것이니, "만물이 이때를 간절히 바라는 것이다"[롬 8:21]. 이때에 모든 만물이 다 하나님을 찬송할 것이다[사 55:12~13, 31:9; 시 96:11~13, 98:8].

## 2. 천년세계에 가취생산嫁娶生産(시집·장가 들고 자녀를 낳음)

구원 얻은 사람 중에 어떤 사람이 천년안식세계에 들어갈 것인가. 천중 혼인연석에 불려 올라가고 남은 자, 곧 7년 대환난시대에 두 선지자와 천사의 전도를 받고[묵 11:3~17, 14:6~7] 숨어서 믿는 숨은 교회이다. 이 신자들은 주께서 7년 대환난 끝에 지상 재림하실 때에 부르짖기를 "주의 이름으로 오시는 자는 복이 있다고 할 사람들이니"[눅 13:35], 육신 그대로 천년세계에 들어갈 것이다. 먼저 천중 혼연婚宴(하늘의 혼인 연회)에 불러 올라간 신자들은 이미 부활하여 영화된 몸인 고로 가취하는 육체적 생활이 없을 것이지만, 이 육신으로 구원 얻어 천년세계에 들어간 사람들은 자연법칙에 순응하고 물질을 이용하여 생활할 것이요, 시집가고 장가들어 자식을 생산하는 원만한 가정 생활을 할 것이다. 이는 예수께서 천국에 가취가 없다 하심은 천중 혼연에 올라간 자와 무궁안식세계를 가리키심이요, 이사야가 이사야서 65장 20절에 이상국의 가취생산을 분명히 예언한 것은 천년세계를 말한 것으로 두 성언에 모순이 없는 것이다. 나의 설은 물론 스베덴보리의 천계의 가취설과는 다른 것이다. 하여간 이 천년세계는 노아 홍수 전 천년 양심세계와 대조되는 지면에 나타날 가장 완전한 세계가 될 것이니 가취생산이 있는 것이다.

## 3. 천년세계의 인구

천년세계에 인구는 얼마나 될 것인가. 처음 사람을 지을 때의 축원과 같이 번성하여 땅에 충만할 것이다. 백억만 이상에 달하도록 번성할 것이다.

왜 그런고 하니, 천년세계에서는 한 부부가 3~400명의 자녀를 낳을 수 있다. 아담이 가인과 아벨을 낳고 셋을 낳을 때에 130세라 하였다. 홍수 전 천년 양심시대 사람들은 6~70세에 첫 아이를 낳기 시작하였으니, 아담도 70여 세에 가인과 아벨을 낳았다고 하면 셋을 낳을 때까지 60년간이다. 매 2년 1인의 자식을 낳았다면 60년간에 30인의 자식을 낳을 것이요, 아담이 셋을 낳은 후 800년간 자식을 낳고 930세에 죽었으니 800년간에 400여 명의 자녀를 생산할 수 있었을 것이다. 태고인의 건강 상태와 생산 능률은 1인 1대에 4~500인의 자녀를 낳을 수 있다. 야곱의 자손 75인이 430년 후 애굽에서 나올 때에 200여만 인구가 되었으니, 아담의 900년 1대 간에 인구는 상당히 많았을 것이다.

범죄하여 타락한 아담 1대에 400여 인의 자녀를 낳을 수 있다면, 죄를 사하여 완전한 인격을 회복한 천년세계에 사람은 천 년간에 400명 이상의 자녀를 낳을 능력이 있다고 보는 것이 마땅하다. 그런데 7년 대환난에서 구원받은 숨은 교인이 1억만 명만 천년세계에 들어가고, 1인이 3~400명의 자녀를 낳는다고 하면 지면에 번성한 인구는 100억만에 달할 것이다.

현재 이 지구에 20억 미만의 인구가 살고 있는 금일에도 오히려 생존 경쟁이 심하거늘. 어떻게 이 지구에 100

억만 인구를 용납할 수 있으며 식량을 어떻게 구할 수 있겠느냐고 반대할 것이다. 그러나 이 지구는 현재 이대로의 생활 방법으로도 60억만 인구가 살 수 있는 것이요, 생활 방법이 좀 더 발달하면 가령 태양의 열을 이용하여 연료를 대신하고 식물, 광물, 공기 등 자연계에서 직접 식료품을 구할 수도 있을 것이니, 100억만 인구의 생활은 이 지면으로도 가능하다고 본다.

이는 자연법칙에 의한 추론뿐이려니와, 예수 재림할 때에는 성경에 보여주는 것과 같이 지구에 일대 변혁이 있을 것이다. 묵시록 6장 14절에 "모든 산악이 옮기고 모든 섬들이 그 자리에서 옮겨간다"란 말씀도 지구의 변혁을 이름이다. 태평양이나 대서양 같은 대양 중에 신대륙이 솟아 나올 수도 있는 것이다. 대판大阪(일본 오사카) 조일朝日(아사히)신문 소화昭和 8년(1933년) 7월 20일 발행 석간 제2면에 미국 특무特務 유조선 라마호 선장 씨피메이얼 씨는 아메리카 해군 근지根地(주둔지) 산페드로와 마닐라 간을 왕복 항해하면서 태평양 해저를 연구한 결과, 태평양 해심이 6리 이상 되는 것을 발견하는 동시에 미대륙보다 2배 되는 수중 대륙이 태평양 물에 잠겨있는 것을 발견하였다는 기사가 발표되었다. 이것이 사실이라면 이런 수중 대륙이 어떤 지리적 변동에 의하여 솟아날 수 있는 것이요, 지면의 4분지 3

을 점령한 수면은 물이 땅의 중심에 젖어 듦에 따라 감소되는 것도 지리적 사실이다. 이는 오인(우리)의 두뇌로 생각할 수 있는 정도의 지리적 변혁을 운위云謂함에(일러 말함에) 불과하는 말이거니와, 하나님의 손에 있는 지구는 100억만 인구를 용납할 수 있는 천년세계의 장소가 될 수 있게 변할 것이다.

## 4. 천년세계의 사람의 수명

천년세계의 성민聖民은 지상에서 천 년 이상 장수할 것인데, 과학자는 사람이 현 지구상에서 천 년 이상의 수壽(수명)를 누릴 수 없다고 반대한다.

(1) 현 지구의 토질을 연구하여 보든지 음료수를 분석하여 보아 이 흙의 정기를 받아 난 사람으로 이 흙의 소산을 먹는 사람으로는 도저히 천 년의 수를 지킬 수 없다는 것이다.

(2) 식물학상으로 식료용 식물을 분석하여 보면 현 식물의 비타민으로는 천 년 이상의 수를 유지하기 불능하다 하며,

(3) 생리학상으로 보아 현 인간의 육체 조직으로는 역시 천 년 이상 살 수 없다고 한다.

창세기 5장에서 9장 29절까지에 기록된 홍수 이전의

사람은 범죄 타락한 자로도 대개 960~70년의 장수를 가져 노아도 950세를 살았다. 창세기 11장 10~32절을 보면, 홍수 이후 인간의 명한命限(수명)은 크게 줄어들었다. 그것은 첫째 인간이 쇠퇴한 때문이요, 둘째로는 지구가 11삭朔(개월) 간 수중에 잠겨있는 동안에 지질에 변동이 생긴 때문이라고 본다. 가령 인체에 유익한 라디움(라듐, radium) 같은 것이 홍수 시 지구의 변동으로 지중에 깊이 매몰되었을 수도 있다. 온천욕이 유익하다 함도 온천에서 라디움질이 나오기 때문이다. 조선 속담에 역사力士(뛰어나게 힘이 센 사람)를 '윤하도潤河島 중놈 같다' 하는 것은 윤하도란 곳의 샘물을 마시는 중이 건장하던 데에서 나온 말이다. 윤하도가 어디인지 모르지만 조선에 건강을 돕는 샘물이 있었던 것을 말하는 것이니, 윤하도 샘물 같은 것도 라디움이 있었던 것이다.

태양에 홍紅, 주朱, 황黃, 록綠, 청靑, 람藍, 자紫 7색이 있어 자외선은 지면에 흡수되어서는 라디움질을 이루게 되고, 이 라디움은 인체 보건상 가장 귀중한 약재가 되는 것이며, 그뿐만 아니라 자외선이 직접 인체 보건상 유익한 작용을 일으키는 것이다. 평양에 고래로 전하여 오는 모래찜 같은 것은 미신과 같이 여겼으나, 지금은 자외선을 쪼이는 일광욕이 치병治病(병을 다스림), 또 보건상 크게 유익함을 알게 되었다. 이 외에도 천연두를 예방하는 종두, 학질瘧疾(말라리아)을 떼는 금계랍金鷄蠟(염산 키니네), 회충을 다스리는 회충산蛔蟲散(배 속의 회충을 없애는 데 쓰는 가루약) 등 약재를 발명하여 사람의 건강을 증진하는 것이다. 그런즉 자연계에는 인체 보건상 필요한 것이 충분히 구비되어 있는 것이다. 인지로 아직 발견되지 못한 것도 많을 것이다.

하나님이 자연계에 비장祕藏하여(몰래 감추어) 둔 인체 생존상 필수품도 무진장이라 하겠거늘, 하나님이 창조의 권능으로써 만물을 새롭게 하실 때에 라디움 이상 비타민 이상의 식료가 있을 것이다. 창세기 3장 17절에 보면 대개 현 지구는 아담이 범죄함으로 저주를 받아 생산력을 잃었고, 창세기 4장 12절에 보면 가인의 피 흘린 죄로 땅이 다시 저주를 받았고, 노아시대의 죄악과 홍수 심판으로 인하여 사람만 망한 것이 아니라 땅도 저주를 받아 퇴화의 대변동이 있었던 것을 알 수 있다. 하여간 6천 년간 소란과 피에 더럽혀진 지구는 여지없이 퇴화하여 가는 것은 현재의 지리적 사실이다. 사람의 잘못으로 사막과 황지荒地가 생기매 조선 산하가 이조 500년간 황퇴荒退하는(황폐하여 퇴화하는) 등은 오인(우리)의 눈으로 볼 수 있는 지면의 퇴화이다.

죄로 인하여 저주받고 퇴화한 땅을 하나님께서 새롭게 하여 천년세계의 장소로 삼을 때에 처음 에덴과 같이 될 것이요, 에덴화한 지면에 사는 사람도 죄를 벗고 거의 에덴시대의 인체로 회복하여 천 년 이상의 수를 얻을 것이니 [사 65:20~24], "거기서 수일 만에 죽는 아이와 수한이 차지 못한 늙은이가 없고 백 세에 죽은 자를 오히려 어린아이라 하며 수가 백 세에 이르러 죽는 죄인은 오히려 저주 받았다 하리라. 저희가 집을 세우고 자기가 거하며 포도원을 심고 자기가 먹으니 이리와 어린양이 함께 먹고 거룩한 산에서 사람을 상하지 아니하며 해하지 아니하리니 이는 여호와의 말씀이라" 하였다. 이는 일개 유태 회복의 예언으로는 실현되기 불능한 구절이었고, 무궁세계에 대한 예언으로는 미급한 부분이 있는 것이요, 지면에 나타난 천년세계의 경황을 계시한 것이다. 그런데 '죽는 죄인' 이란 것은 천년세계도 양심시대인 고로 양심상 범죄로 사망이 있다는 말이요, 백세인을 어린아이라고 칭하는 천년시대의 성민은 천 년 이상의 수를 가질 것이다.

『신앙생활』 1936년 제5권 제8호

# 제11장 마귀석방

## 1. 최후 시험

최후로 죄인을 심판하실 때에 무저갱에 가두었던 마귀를 천년세계에 잠간暫間(잠깐) 석방할 것이니, 천년세계에서 출생한 자가 시험받을 것이다. 하나님께서 처음 사람을 창조하실 때에 자유의 능과 자유의 권을 주셨다. 하나님께서는 자유의지로 경배하고 순종하는 자를 기뻐하시나니 신앙으로 의롭다 함을 얻은 아브라함이 신앙자의 모범이 된 것도 자유의지로 신종信從한(믿고 따라 좇은) 때문이다.

그런데 이 자유에는 시험이 없지 못한 것이니, 첫 아담도 시험을 받았고[창 2:16~17] 둘째 아담 예수도 시험을 받으셨다[마 4:1~11]. 그러나 마귀가 없는 이 시대에 출생한 사람들은 마귀의 시험도 물론 당하여 보지 못하였을 뿐 아니라 평안한 생활 중에 정신상 번민이라든지, 물질상 궁핍이라든지, 질병의 고통이라든지, 사회상 곤란 등 아무 시련도 맛보지 못하였다. 비유컨대 유복한 기독자의 가정에 출생하여 젖세례(유아세례) 받던 아이와 같고, 이스라엘 민족이 애굽에서 탈출한 후 광야에서 출생하여 애굽의 쓰라린 고생을 맛보지 못하고 할례를 받지 못한 청년과 같다. 1차의 할례를 받지 않을 수 없는 저들은 요단강을 건너 가나안 복지에 들어가자 길가에서 할례를 행하였던 고로 그 산을 제피산除皮山(할례산)이라 하였다[수 5:2~3]. 이와 같이 천년세계에서 출생한 사람들도 반드시 시련을 받아야 할 것이다. 그런고로 천 년이 찬 뒤에 마귀를 놓아 전 세계 인류를 한 번 크게 시험하실 것이다[묵 20:3~8].

여기서 문제가 되는 것은, 천년세계에서 출생한 자들은 1차의 시험받는 것은 당연하다. 이미 7년 대환난을 겪고 천년세계에 들어간 인간들은 시험을 두 번 당하게 되는 것이 억울하고 공평치 못한 것 같다는 것이다. 그러나 7년 대환난을 겪은 성민에게는 마귀의 시험이 관계가 없다. 비유하건대 이미 천연두를 한 사람은 면역하게 되어 아무리 천연두가 유행할지라도 관계가 없는 것과 같이 환난시대를 통과한 신자는 마지막 마귀의 시험에 아무 동요가 없을 것이다. 박하란 약은 사람이 먹으면 취하지 아니하나 고양이가 먹으면 취하는 고로 박하의 별명은 묘주猫酒(고양이술)라 하며, 파두巴豆란 약은 사람이 먹으면 내장이 녹아서 즉사하는 독약이로되 쥐가 먹으면 도리어 살찌는 고로 파두의 별명을 쥐잣[서백鼠栢]이라 한다. 이와 같이 한가지 마귀의 시험이라도 천년세계에서 출생한 사람에게는 시험이 될 수 있지만, 7년 환난을 통과한 사람에게는 시험이 되지 아니하는 것이다. 고로 하나님의 공평에는 천군천사도 열복悅服(기쁜 마음으로 복종)하고 사람도 순종하고 만물도 순종할 수밖에 없는 것이다.

## 2. 최종 심판의 순서

마귀를 잠깐 놓아 주신 뒤에 주께서 대심판주로 크고 흰 보좌에 강림하셔서 이미 죽은 죄인들을 심판하실 것이다[묵 20:11~15].

(1) 구약시대와 신약시대와 7년 환난시대에 믿지 아니하고 악을 행한 죄인들과 천년시대에서 양심상 범죄한 죄인들이 부활하여 영원한 유황불에 심판받을 것이다[행 17:31; 요 5:29; 묵 20:5~6, 11~15].

(2) 천년세계에서 마귀를 잠깐 놓아줄 때에 마귀의 시험을 이기지 못하여 산 그대로 유황불에 들어가는 심판을 받을 것이요[묵 19:20].

(3) 사망을 유황 불구덩에 던질 것이요[묵 20:14; 고전 15:26].

(4) 악한 천사, 즉 마귀를 유황 불구덩에 던질 것이다

[유 1:6; 벧후 2:4; 고전 6:6; 묵 20:1]. 이와 같이 무서운 심판을 행할 것이니, 하늘의 천사들도 떨 것이다.

『신앙생활』 1936년 제5권 제9호

# 제12장 변화무궁세계

## 1. 말세의 삼계

에덴은 최초에 지으신 지상의 낙원이요, 변화 무궁세계는 최후에 완성할 지상의 낙원이다. 사람이 범죄함으로 에덴에서 쫓겨난 후에 세상과 교회가 갈라지고 교회 중에서 타락하여 지옥 갈 자와 믿음으로 공중 혼인잔치에 올라갈 자와 7년 환난을 겪고 천년세계에 들어갈 세 종류의 사람이 있다. 천년세계가 지난 후에 지옥계와 무궁세계와 새예루살렘 등 말세 삼계三界가 나타날 것이니, 죄인은 지옥에서 육신 부활하여 최종 심판을 받고 유황불 형벌을 받을 것이요, 천년세계에 있던 사람은 무궁세계에 들어가고, 공중 혼인석에 올라갔던 신자는 천성天城 새예루살렘에 들어갈 것이다. 이는 물론 로마교나 다른 데의 지옥, 연옥, 천계 등 삼계설과 같지 아니하다. 한 성전에 성소와 지성소의 구별이 있는 것처럼 한 천국에 예수의 보좌에 계신 지성처가 새예루살렘이요, 그다음이 지상에 세웠던 에덴을 회복한 낙원이 무궁세계이다.

## 2. 지상의 무궁세계

묵시록 21장 1절에 신천신지新天新地(새하늘과 새땅)가 나타났고 동 2절에 "내가 또 보매 거룩한 성 새예루살렘이 하나님께로부터 하늘로 좇아 내려오니 그 갖춘 것이 마치 신부가 신랑을 위하여 단장한 것 같더라"고 하여, 신천신지와 새예루살렘을 구별하여 말하였다. 신천신지가 곧 지상에 나타나 무궁안식세계요, 새예루살렘이 지성천至聖天, 지존성至尊城이니 바울이 이른바 삼층천, 곧 지존하신 천성일 것이다.

그런데 무궁세계가 어떻게 지상에 나타나는가? 베드로후서 3장 12절에 보면 "하늘이 불에 살라지고 체질이 뜨거운 불에 녹아지니라" 하신 성언에 대하여 혹은 현천현지現天現地(현재의 하늘과 땅)는 아주 불 중에 소멸하고 타천타지他天他地(또 다른 하늘과 땅)를 신창조 한다고 해석하나, 나는 이 해석을 좇지 아니하고 현천현지를 소멸하는 것이 아니라 그것으로 새로 짓는다고 해석한다. 죄인이 십자가에 못 박혀 죽고 중생한 새사람으로 새로 났으나 사람은 그 사람인 것처럼, 처음 하늘과 처음 땅이 변하여 처음 것대로는 없어지고 새 천지로 개벽하였다. 말하자면 이 우주, 이 지구의 원체가 없어지는 것이 아니라 체질이 변하여 새 우주, 새 지구가 된다 함이니, 우주가 영존하고 지구도 영존할 것이다. 묵시록 21장 1절에 "처음 하늘과 처음 땅이 없어지고"라고 하신 말씀은 동 5절에 "만물을 새롭게 하노라" 하신 말씀과 대조하여 보면 현 우주의 폐멸廢滅(폐하여 없어짐)이 아니요, 베드로후서 3장 12절에 "체질이 녹아진다"는 말과 같이 이 천지의 체질이 녹아져서 새 천지로 변한다는 것이다. 마치 놋요강을 불에 녹여서 새로 밥 바리(그릇)를 주조하면 처음 놋요강은 없어지고 새 밥 바리가 되었다는 말과 같다. 요강은 없어졌지만 그 놋으로 새 바리가 된 것이다. 저주받은 천지는 없어졌지만 처음 창조 받던 우주가 축복의 새 우주로 나타나는 것이다.

만물이 폐멸된다면 로마서 8장 19~22절에 "창조함을 받은 만물이 썩음의 종 됨을 벗어나 하나님의 뭇 아들의 영광을 얻어 스스로 주장함에 이름이니라" 하신 성언을 어떻게 해석할 것인가. 에베소서 1장의 예수가 만물을 통일하시리라는 말씀과 골로새서 1장의 예수 만물원수설 元首說(예수가 만물의 으뜸이라는 주장) 등 바울의 신학은 만물 폐기가 아니라 만물 통일, 만물 신조新造(새로 만듦)를 말하였다. 성경에 일관한 계시는 만물 폐멸이 아니라 신조(새로 만듦)이다. 하나님이 창조하시고 "좋은지라" 하신 우주를 폐멸하시지 않을 것이다. 하나님이 사람을 죽게 하기를 위하여 내신 것이 아니라 부활하게 내셨고, 만물을 폐멸하기 위하여 창조하신 것이 아니라 "좋은지라"를 더 좋게 하기 위하여 새롭게 하실 것이다. 예수가 밟으시던 지구는 결코 폐멸되지 아니하고 예수의 피에 젖은 지구는 새 땅이 되어 영원히 있을 것이요, 에덴의 위치이던 지구는 소각될 것이 아니라 불꽃 검으로 수호하던 에덴은 다시 나타나서 이 지구는 무궁안식세계의 장소가 될 것이다.

## 3. 지구 개조 시 인류의 거처

이 지구가 폐멸되지 아니하고 영존한다 하면 불에 타서 체질이 녹고 새 땅으로 변화할 동안에 천년세계에 있던 100억만 이상의 성민은 어떻게 될 것인가?

성경에 땅을 불사른다고 기록하였으나 그 시간은 가르치지 아니하였다. 한 시 동안에 불사르는지 몇 달, 몇 해 동안에 불사르는지 알 수 없다. 혹 동반구를 먼저 사르고 서반구를 후에 불사르는지 일시에 전부 불사르는지 알 수 없거니와 일부분씩 불살라 개조한다면 사람은 무사한 부분으로 옮길 수가 있다. 조선에서 가옥을 청결하게 할 때에 일부씩 청결하게 하면서 사람은 다른 일부에 거주하는 것처럼 지구 신조의 불을 피할 수 있다. 광야에서 모세를 반역하던 고라의 무리가 함몰하되 그 밖의 사람에게는 화가 미치지 아니하는 것처럼, 소돔과 고모라가 소각될 때에 롯의 식구가 화를 면한 것처럼 구원받은 사람은 지면에서도 지구의 개조의 불을 면할 수 있을 것이다. 지구 전체가 일시에 불에 타더라도 노아 홍수에 노아의 식구를 건지는 것처럼, 공중혼연에 올라가는 것처럼, 무슨 방법으로든지 하나님의 권능으로 천년세계의 성민은 안전하게 보호하실 것이다.

## 4. 처음 에덴의 회복

무궁세계란 무죄하게 창조하였던 에덴 낙원을 회복한 것이다. 태초에 하나님께서 에덴을 영원무궁한 세계로 창조하였으나, 인류의 시조가 범죄함으로 노아 전前 천년양심세계로 타락하고 죄악이 더욱 관영하여 홍수 심판을 받고 땅이 저주를 받아 사람이 100세를 살지 못하는 데까지 떨어진 것이다. 그러나 주 예수께서 십자가에서 흘리신 피로 사람을 대속하시고 부활 승천하사 하나님 우편에 계시다가 공중 혼인석으로 강림하시어 성도들을 데려가신 뒤에 7년 대환난 끝에 다시 지상에 재림하시어 천년세계를 건설하시니, 이는 노아 전 천년양심세계를 회복하는 것과 같다. 천년세계를 세우신 뒤에 새예루살렘에 올라가셨다가 다시 크고 흰 보좌로 강림하사 세계를 대심판 하시고 무궁안식세계를 건설하실 것이니, 이는 결코 다른 세계를 창조하시는 것이 아니라 하나님께서 태초에 건설하였던 무궁안식세계, 곧 에덴을 회복하시는 것이다.

나의 지구영존설永存說을 천국을 물적 또는 공간계에 제한한 것 같이 오해할는지 모르거니와 기독교의 영생은 육체의 부활이 없는 유령적幽靈的 생활이 아니며, 기독교의 천국은 실재의 세계를 떠난 유령세계가 아니라 신체가 있는 영생자가 실유實有한(실제로 있는) 세계에서 생활하는 낙원이다. 육체의 부활이 육에 제한되는 것이 아닌 것처럼 지상에 임할 무궁세계라 하여 물계나 공간계에 제한되는 것은 아니다.

묵시록 21장 24~26절에 보면 "만국이 그 빛 가운데 행하며 땅에 왕들이 자기의 영광을 가지고 성으로 들어오리라" 하였으니, '만국'이라든지 '땅에 왕'이란 명사들은 새예루살렘 시대에 지상에 어떤 세계가 있는 것을 의미함이요, 천상에 만국이나 땅이 있을 리가 없는 것이다.

그리하여 불현계不現界(현세가 아닌 세계)에 하나님의 영광이 충만한 새예루살렘과 이 지상에 무궁안식세계와 또 일계一界에 유황불 지옥, 삼계가 영원무궁토록 존재할 것이다. 그래서 사람은 구원 아니면 멸망, 새예루살렘과 무궁세계가 아니면 지옥이 있을 뿐이요, 연옥 등 중간 상태는 없는 것이다. 천당에 못 들어가는 자는 유황불 붓는 지옥에서 이를 갈며 애통할 것이다[마 25:30~41; 눅 20:10]. 그런고로 신자는 깨어 무궁안식세계와 새예루살렘에 들어가는 소망을 가지고 예수의 재림을 기다릴 것이다.

## 5. 무궁세계와 새예루살렘

묵시록 21장 10~27절에 보여준 새예루살렘은 "금강석으로 쌓고 그 성은 정금인데 맑은 유리 같더라. 성읍의 터는 각색 보석으로 꾸몄는데 제1은 금강석이요 제2는 남보석藍寶石(터키옥)이요 제3은 창옥蒼玉이요 제4는 녹보석綠寶石이요 제5는 홍유리紅琉璃요 제6은 황옥黃玉이요 제8은 녹옥綠玉이요 제9는 담황옥淡黃玉이요 제10은 비취옥翡翠玉이요 제11은 적옥赤玉이요 제12는 자정紫晶이라. 그 12문은 12진주니 문마다 각 진주요, 성의 거리는 맑은 유리 같은 정금이라" 하였고 하나님의 영광 빛이 충만하여 일월이 쓸데없다고 하였다.

저 새예루살렘에는 일찍 예수를 독실히 믿고 신부新婦가 되어 죽었다가 부활한 신자들과 육신으로 변화한 신자들이 거주할 곳이다. 새예루살렘의 영광과 여기에 사는 성도들의 영화와 복락은 다 말할 수 없는 것이다[묵

21:1~27]. 그리고 지상 무궁안식세계에는 육신을 가지고 들어온 의인들이 살 것이다[마 25:46].

그런데 이 지상 무궁세계에 사는 성민들도 때가 되면 하나님께서 부르는 대로 육신이 변화하여 예수의 새예루살렘으로 승천할 것이다. 에녹과 엘리야는 이에 대한 선례가 되는 것이다[창 5:24; 왕하 2:11]. 변화한 성도와 부활한 성도, 곧 신부 된 성도들은 영광 극한 새예루살렘에 살 뿐 아니라 무궁세계에도 자유자재로 왕래하면서 두 세계의 열락을 영원히 누릴 것이다.

이 세상보다 교회가 더 좋은 낙원이요, 교회시대보다 천년세계가 더 좋은 낙원이요, 천년세계보다 무궁안식세계가 더 좋은 낙원인데 새예루살렘은 가장 좋은 낙원이다. 이 새예루살렘에 들어가고자 하는 신부 된 우리는 혼인연석에서 신랑을 맞이할 성신의 은혜를 잘 예비하여 지혜 있는 처녀가 되어야 할 것이다. 이 글을 읽는 자는 다 말세에 믿음을 지켜 예수의 새예루살렘에 들어가기를 축원하노라.

저 좋은 낙원이 이르니, 그 쾌락, 내 쾌락일세.

『신앙생활』 1936년 제5권 제10호

# 길선주 연보

1869.3.15. 평안남도 안주 후장동에서 출생.

1896. 관성교를 비롯한 선도 수련에 매진.

1897. 널다리교회에서 세례를 받음.

1898. 장대현교회 영수로 임명.

1903. 평양신학교 입학.

1904. 『해타론』 발행.

1906. 새벽기도회 창안.

1907. 조선예수교평양신학교 제1회 졸업.
     장대현교회 목사로 취임.

1916. 『만사성취』 발행.

1919. 3·1운동 민족대표로 독립선언서에 기명날인.

1926. 『강대보감』 발행.

1935.11.26. 평안남도에서 부흥사경회 인도 중
     하나님의 부름을 받음.